ALF

Rainer Büttner

ALF™

Allererste Sahne

Dialoge von Siegfried Rabe

Loewe

CIP-Titelaufnahme der Deutschen Bibliothek

Büttner, Rainer:
Alf / Rainer Büttner.
Bindlach: Loewe.
Allererste Sahne. – 1. Aufl. – 1991
ISBN 3-7855-2392-0

ISBN 3-7855-2392-0 – 1. Auflage 1991

Licensed by: Merchandising München KG
Der vorliegende Text erschien bereits 1987
unter dem Titel „Hallo, da bin ich“ im Loewes Verlag.
Umschlagillustration: Ines Vaders-Joch
Satz: Voro, Rödental
Gesamtherstellung: Leipziger Verlags- und
Druckereigesellschaft mbH, Leipzig
Printed in Germany

Alf war also bei den Tanners geblieben, und wenige Tage später war die Aufregung um Rhonda vergessen. Alles war wieder beim alten. Beim Mittagessen beschwerte sich Alf wie immer über die kleinen Portionen. Und wie immer ging Kate darüber hinweg. Unabsichtlich kam ihr Lynn zu Hilfe, ehe Alf weiterbohren konnte. Lynn erzählte, daß Scott Maynard seine Musikgeräte in Willies Garage für zwei Tage unterstellen wollte.

Scott Maynard ging auf Lynns Schule und hatte eine Rockgruppe, von der Lynn sehr schwärmte. Und Scotts Vater wollte am nächsten Tag in seiner Garage einen Flohmarkt veranstalten und hatte seinem Sprößling damit gedroht, dessen ganzen elektronischen Krempel für fünf Dollar zu verscherbeln, wenn der ihn nicht woanders unterstellte.

Willie war einverstanden, und am Nachmittag pfropften Scott und Lynn die Garage mit den Instrumenten der Band voll.

In der allgemeinen Hektik war niemandem aufgefallen, daß sich Alf merkwürdig ruhig benahm. Der Grund lag darin, daß Alf plötzlich zarte Gefühle für Lynn entwickelte und wegen Scott vor Eifersucht fast platzte, weil Lynn nur noch von ihm redete.

Auf leisen Tatzen schlich Alf schließlich zur Garage und zog sich am Fenster hoch. Drinnen war der hübsche dunkelhaarige Scott gerade dabei, Lynn für Freitag abend zu einem Basketballspiel einzuladen.

„Nein!“ schrie Lynn, weil sie Alfs Schnauze in Scotts Rücken am Fenster auftauchen sah.

„Was? Magst du keine Basketballspiele?“ Scott war verwirrt. Denn Lynn wedelte jetzt mit beiden Armen, um Alf vom Fenster wegzuscheuchen. Der gute Scott hatte keine Ahnung, welche Gefahr in seinem Rücken lauerte. Alf hatte ihn zu seinem Feind Nummer eins erklärt.

„Äh, ich meine, ja“, sagte Lynn fest, und Alf tauchte zitternd vor Wut wieder ab.

Später erwischte ihn Kate, wie er mit Brian im Trokkenraum die Fliegengitter tapezierte. Sie befahl Brian, den Unfug zu beenden und das Zeug in den Müll zu schmeißen. Als sie mit einem strafenden Blick auf Alf hinter Brian hergehen wollte, hielt sie der Melmac zurück.

„Kate, ich brauche einen Rat von dir.“

„Den kannst du haben. Mach das mit den Fliegengittern nicht noch einmal“, drohte ihm Kate mit dem Zeigefinger.

Alf schüttelte unwillig den Kopf. „Nein, ich brauche einen Rat, Frauen betreffend.“

„Frauen mögen es nicht, wenn Fliegengitter tapeziert werden.“

Alf knurrte. So kam er anscheinend nicht weiter. „Also gut. Es war mein Fehler. Bring mich um.“

Kate mußte lachen. „Schon gut. Worum geht es?“

Alf ging erst einmal den Umweg eines Kompliments, bevor er zur Sache kam, weil Kate, wie Alf dachte, derlei gerne hörte.

„Ich möchte deshalb deinen Rat hören, weil du eine wunderschöne Frau bist.“

Solchen Aussagen war Kate tatsächlich nicht ganz abgeneigt. Sie vergaß die Sache mit dem Fliegengitter. „Na ja, ich weiß nicht, ob ich das von mir sagen kann, aber wenn du meinst ...“

„Klar“, nickte Alf. „Also paß auf. Sagen wir mal, ein gewisser Jemand fühlt sich zu einer gewissen wunderschönen Frau hingezogen ...“

„Schreibst du immer noch an diese Briefkastentante?" Kate verstand nicht, worauf Alf hinauswollte.

„Nein. Es ist jemand, der mir viel näher steht als sie. Offen gesagt, es ist jemand aus diesem Haus."

„Oh." Kate glaubte, jetzt richtig zu verstehen. „Und du willst jetzt wissen, wie du sie für dich gewinnen kannst."

„Es hat gedauert, aber wir kommen der Sache näher", bestätigte ihr Alf zufrieden. „Was hat beispielsweise Willie Umwerfendes angestellt, um dich von den Füßen zu reißen?"

Kate überlegte. „Tja, eines Tages haben wir übers Essen gesprochen ..."

„Gut, fängt gut an", unterbrach Alf sie. „Wie ging es weiter?"

„Ich habe ihm gesagt, daß ich eine Vorliebe für Champignon-Cremesuppen hätte, und am nächsten Tag lagen in meinem Auto fünfhundert Büchsen davon."

„Schön dämlich", lautete Alfs spontaner Kommentar. „Bei Rinderhälften hätte ich das noch verstanden." Er leckte sich die Schnauze.

„Das war nicht dämlich", belehrte ihn Kate. „Das war romantisch."

„Na gut. Aber hättest du mir etwas anderes vorzuschlagen als Pilzsuppe?" Er glaubte nicht daran, damit gegen Scott Maynards Rockgenie ankommen zu können.

„Blumen vielleicht", überlegte Kate. „Oder ein Gedicht. Frauen lieben etwas Persönliches."

Das war es. Alf wackelte begeistert mit dem Kopf. „Da hätte ich schon was. Wie wäre es mit: ‚Frau Wirtin hatt' 'nen Astronaut, der hat sich nur mit Helm ...'"

„Alf!“ rief Kate entsetzt und verließ den Dichter eilig.

„. . . getraut“, vollendete Alf nachdenklich. Der Erfolg war nicht überwältigend.

Später fand ihn Willie in der Garage über Scotts elektronischer Orgel, mit allerlei Werkzeug in den Pfoten und einem gestreßten Schnauzenausdruck.

„Ich dachte, wir hätten abgemacht, du fragst mich erst, bevor du mein Werkzeug nimmst“, tadelte ihn Willie.

Alf brummte. „Entschuldige. Darf ich?“

„Du darfst. Aber wozu brauchst du es eigentlich?“

Alf runzelte die Stirn, soweit das möglich war. „Ich will Scotts Orgel reparieren. Muß beim Umzug kaputtgegangen sein.“

„Vielleicht steckst du einfach den Stecker rein“, lachte Willie. „Was hast du vor mit dem Ding?“

Alf gab ihm ein Blatt Papier. „Ich habe ein Gedicht geschrieben und will es vertonen.“

„Sieh mich einmal an und sag, was siehst du dann –“, las Willie, „ein anderes hübsches Gesicht.“ Willie fand es ganz amüsant, wie er Alf gegenüber zugab. Nur der Refrain „I can’t get no satisfaction“ kam Willie bekannt vor. Wenn ihn nicht alles täuschte, hatten die Rolling Stones mal derartiges geschrieben.

„Vergiß es“, meinte Alf nur. „War ein alter Entwurf. Und jetzt habe ich zu tun, wenn du erlaubst.“ Willie ließ den Künstler allein in der Garage.

Drüben im Haus brachte er Brian zu Bett, nachdem Scott Lynn abgeholt hatte. Anschließend beschwerte sich Mrs. Ochmonek telefonisch über furchtbaren Lärm aus Tanners Garage. Willie versprach, ihn abzustellen. Dabei genoß er es im Moment mehr, mit Kate endlich einmal alleine zu sein.

„Das drüben in der Garage ist Alf", klärte er Kate auf. „Als ich ihn verließ, wollte er einen Song vertonen, den er geschrieben hatte. Sieht fast so aus, als wäre er wieder mal verliebt. Hoffentlich kommen da nicht wieder irgendwelche bösen Überraschungen auf uns zu."

„Willie", sagte Kate leise. „Ich glaube, er hat diesen Song für mich geschrieben. Alf schwärmt neuerdings für mich."

Der Erfolg dieses Geständnisses war, daß Willie vor Lachen beinahe von der Couch fiel, was Kate entrüstete.

„Findest du das so komisch, daß sich jemand in mich verliebt?"

Die Zeichen standen auf Sturm, bemerkte Willie sofort: „Kate, ich kenne da noch jemanden, der sehr in dich verliebt ist, und du bist alleine mit ihm." Er beugte sich zu Kate, um sie zu küssen . . .

„Gut so, geh ran, Willie", sagte Alf hinter ihm, der unvermeidliche, unsägliche Alf, der immer im falschen Moment dort auftauchte, wo er nicht sein sollte. Darauf war bei ihm wirklich Verlaß.

Willie richtete sich wieder auf. „Was ist nun wieder los, Alf?"

„Ich suche Lynn", schaute sich Alf um.

„Sie ist noch mit Scott unterwegs."

„Verstehe", war Alf sofort beleidigt.

„Außerdem hatten wir Beschwerden von den Nachbarn . . .", stichelte Willie, weil er sich über Alfs Auftauchen immer noch ärgerte. Man hatte keine private Minute mehr in diesem Haus.

Alf war nicht überrascht: „Das wundert mich nicht. Lynn gibt allen anderen Töchtern ein schlechtes Beispiel."

„Wie ist dein Song geworden, Alf?“ wollte Kate wissen. Sie war doch sehr geschmeichelt, daß sich Alf wegen ihr solche Mühe machte.

Alf warf den Kopf in den Nacken, daß seine Bockshaare nach hinten flogen. „Es ist nicht einfach ein Song. Es ist ein Rockvideo, das ich für Lynn gemacht habe.“

Nach diesen Worten hing betretenes Schweigen in der Luft. „Verstehe“, sagte Kate dann nur. Alf konnte sich nicht recht erklären, warum Katilein ihn dabei mit Blikken erdolchte und aus dem Zimmer rauschte.

„Dein Feingefühl ist immer wieder bewundernswert“, stellte Willie danach fest und ging hinter Kate her, um sie zu beruhigen.

Alf schaute den beiden hinterher und legte den Kopf schief. Manchmal war diese Familie schon eigenartig. Er beschloß, sich auf die Couch zu legen, um auf Lynn zu warten.

„Der Gedanke, daß Alf sich für unsere Tochter erwärmt, ist nicht gerade erheiternd“, meinte Kate im Schlafzimmer düster zu Willie.

„Du bist darüber doch nicht wirklich beunruhigt“, fragte Willie erstaunt.

„Doch, das bin ich. Stell dir vor, das entwickelt sich ernsthaft. Wie willst du später den Leuten Fotos von unseren Enkelkindern zeigen?“ Kate schüttelte sich.

Willie küßte sie. „Ich kann mir nicht vorstellen, daß unsere Lynn einen Mann will, der über zweihundert Jahre älter ist als sie.“ Das Argument beruhigte schließlich auch Kate, während draußen im Wohnzimmer das Böse auf einen gewissen Scott lauerte: Alf war hellwach. Die Eifersucht nagte an seiner Seele. Endlich hörte er Stimmen vor der Tür. Alf schlich hin und preßte ein

Ohr gegen das Holz. Was er hörte, ließ ihn von den Zehen bis in die Haarspitzen erzittern.

„Das war ein sehr netter Abend mit dir“, sagte Scott gerade, worauf ihm Lynn auch noch recht gab. Alfs schwarze Augen funkelten boshaft.

„Hast du nächsten Freitag wieder Zeit?“ fragte Scott zärtlich.

„Nein!“ schrie Alf rüde durch die Tür.

Das brachte die romantische Stimmung draußen durcheinander.

„Wer war das?“ war Scott entsetzt.

Lynn, die genau gehört hatte, wer das war, konnte dies Scott schlecht erklären und meinte deshalb in ihrer Not: „Äh, mein Vater.“

Das verwunderte Scott: „Dein Vater? Aber ich dachte, das ist so ein netter Kerl.“

„Hey, Pickelgesicht“, rief der nette Kerl von drinnen. „Geh nach Hause und versuch es mit einer Kamillentinktur.“

„Na ja, vielleicht ist er etwas müde“, meinte Lynn lahm zu dem zusammenzuckenden Scott, der sich gleich noch stärkeren Kalibern gegenübersah, als Alf schrie:

„Hör zu, du Erdferkel, entweder machst du jetzt die Fliege, oder ich stelle den Gartenschlauch an.“

„Also, ich gehe lieber, ich möchte nicht naß werden“, beschloß Scott daraufhin und sah Lynn merkwürdig an. „Wie man sich in einer Familie doch täuschen kann“, dachte er nur.

Lynn hielt ihn am Ärmel fest und wäre am liebsten in den Boden versunken. „Nein, Scott, bitte geh nicht. Vielleicht meint er gar nicht dich, vielleicht sitzt er vor dem Fernseher oder streitet mit meiner Mutter.“

Aber in der Nähe eines Hauses, in dem der Vater die Mutter als Erdferkel bezeichnete, wollte Scott auch nicht unbedingt länger als nötig bleiben. Und als Alf noch schrie: „Hau endlich ab, Scott“, verabschiedete er sich endgültig.

Sekunden später sah sich Alf im Wohnzimmer Lynn gegenüber, die Gift und Galle spuckte, so daß Willie schließlich, durch ihr Geschrei aufgeweckt, aus dem Schlafzimmer kam.

„Was ist hier los, mitten in der Nacht? Alf, warum bist du nicht in deinem Bett?“

Alf räkelte sich auf der Couch. „Ich mußte nur einen Landstreicher rausschmeißen.“

Lynn stampfte mit dem Fuß auf. „Er hat Scott weggeekelt. Und der hat gemeint, daß du so gemein zu ihm bist.“

„Es war höchste Zeit“, erklärte Alf. „Sonst hätte er noch versucht, sie zu küssen.“

„Ich wollte, er hätte es“, schimpfte Lynn.

Alf setzte sich auf und sah an Willie hoch. „Sieh mal, reden wir mal unter Männern, die etwas davon verstehen. So fängt es immer an, dann dauert es nicht lange, und es werden gemeinsam die Vorhänge ausgesucht.“

„Du weißt ja gar nicht, wovon du sprichst“, empörte sich Lynn.

Willie stemmte die Arme in die Hüften und baute sich vor Alf auf. Alf bekam das Gefühl, ihn nicht auf seiner Seite zu haben. „Mach den Bademantel zu“, lenkte er deshalb schnell ab.

Für einen kurzen Moment wirkte das tatsächlich. Willie raffte seinen Bademantel zusammen, obwohl er darunter einen Schlafanzug trug. Aber er vergaß nicht, was er sagen wollte. Alf bekam Unterricht über Teenager, darüber, daß sich Mädchen in Lynns Alter mit Jungen in ihrem Alter verabredeten und daß sich die Väter damit abfinden müßten und gefälligst auch Melmacs.

„Ist mir doch Wurscht, mit wem sich Lynn verabredet“, war Alf von der Standpauke tief getroffen. „Aber das mit dem Song kannst du auch vergessen.“

„Welcher Song?“ wollte Lynn wissen, die sich langsam wieder beruhigte.

Willie seufzte. „Alf hat dir einen Song geschrieben und ein Video daraus gemacht.“

Lynn schmolz augenblicklich dahin. „Einen Song, nur für mich? Oh, bitte, Paps, laß mich mit Alf mal alleine.“

„Meinetwegen“, resignierte Willie. Er wandte sich energisch an Alf: „Und du rufst morgen früh Scott an und sagst ihm, ich hätte ihn wirklich nicht gemeint. Laß dir was einfallen.“

„Misch dich nicht in meine Angelegenheiten ein“, raunzte Alf frech zurück und machte einen Satz nach hinten, weil Willie einen Satz nach vorne machte.

„Du, ich habe noch gar nicht angefangen, mich mit dir zu befassen, und wenn du vielleicht glaubst ...“

„Deine Haltung macht mich nervös“, unterbrach ihn Alf. Er zitterte heftig.

„Bitte, Paps“, rettete ihn Lynn, und Willie zog sich brummend zurück. Es war wirklich am besten, man mischte sich als Vater nicht in die Liebesangelegenheiten seiner Tochter. Er hörte noch in seinem Rücken, wie Alf ihm hinterherrief: „Der Mantel, Willie.“

Alfs Rockvideo war eine Wucht, wie Lynn danach ehrlich bewundernd fand. Sie gab ihm einen Kuß auf den Rüssel, gerade in dem Augenblick, als Kate schlaftrunken aus dem Schlafzimmer kam, um sich aus der

Küche etwas zu trinken zu holen. Bei dem Anblick, der sich ihr bot, beschloß Kate allerdings schnell, daß sie träumte, machte kehrt und ging wieder ins Bett.

Alf versprach Lynn danach, wenn auch widerwillig, er würde sich daran gewöhnen, daß sie beide nur Freunde wären.

Auch Alf und Willie schlossen Frieden, und so spielte Alf Regisseur hinter der Videokamera, während Willie in silberner Glitzerjacke an der Hammondorgel tobte.

So bekam Kate schließlich auch noch ihr Rockvideo.

Lynn saß im Wohnzimmer und telefonierte nervös mit ihrer Freundin Kathy. Ein Popkonzert von den Pretenders war angekündigt, und Willie hatte Lynn versprochen, daß sie den Wagen haben konnte, wenn er mit Kate vom Einkaufen aus der Stadt zurückkam. Doch die beiden waren längst überfällig.

„Nein, Kathy", redete Lynn hastig in den Hörer. „Sie müssen jeden Moment kommen. Wir werden nicht zu spät zum Konzert kommen. Tschüs, bis dann."

„Also, es ist doch nicht zu glauben", entrüstete sich Alf, der auf der Couch vor dem Fernseher hockte.

„Ja, seit einer Stunde sollten sie dasein", fühlte sich Lynn angesprochen.

Aber Alf hatte nicht sie gemeint. Er beschäftigte sich mit höheren Dingen.

„Ich meine diesen Kerl von der Wall-Street-Woche. Der sitzt da mit eiskalter Miene und spricht über Gold, als wäre das Zeug wertvoll."

Lynn setzte sich neben ihn. „Aber Gold ist wirklich wertvoll, Alf."

Der Melmac zog eine skeptische Grimasse. „So,

wirklich. Also auf Melmac war es völlig wertlos. Reiner Plunder."

Lynn hörte nur mit halbem Ohr hin und sprang auf, als sie von draußen Motorengeräusche hörte. Sie eilte zum Fenster. Das mußten endlich ihre Eltern sein.

Sie waren es auch. Aber sie hatten eine böse Überraschung für Lynn: Das Auto war kaputtgegangen.

Für Lynn war das Pretenders-Konzert geplatzt. Enttäuscht verzog sie sich in ihr Zimmer, um ihre Lieblingsgruppe wenigstens auf Kassette anzuhören.

Als Lynn gegangen war, begann Alf mit einem harmlosen Satz eine folgenschwere Diskussion.

„Warum kaufst du ihr eigentlich kein eigenes Auto, Willie?"

Alf hatte die Angebote schon studiert. „Es war nie billiger! Vier Komma acht Prozent Finanzierungskosten für jeden Wagen auf Lager. Greif zu. Du bist doch kreditwürdig."

Das mußte Willie verneinen. „Ich fürchte, meine Kreditwürdigkeit wurde durch die Reparatur eines Garagendachs aufgezehrt. Es wurde übrigens durch ein Raumschiff beschädigt."

„Keine Namen bitte", nuschelte Alf geniert.

Kate machte einen anderen Vorschlag. „Was hältst du davon, wenn wir ein bißchen was dazugeben, und Lynn nimmt ihre Ersparnisse und kauft davon einen Gebrauchtwagen?"

Lynn, die auf der Suche nach ihrer Pretenders-Kassette war, kam herein, und Kate sprach sie gleich an: „Sag mal, Lynn, wieviel Geld hast du auf deinem Sparkonto?"

„Etwa hundertfünfzig Dollar", überlegte Lynn.

„Und wenn wir nun hundertfünfzig dazulegen würden. Welches Auto würde Lynn dafür bekommen?"

Kates Frage richtete sich zwar an Willie, aber Alf wußte die Antwort schneller und zerstörte Kates Illusion mit der ihm eigenen glasklaren Logik: „Ein geklautes."

Lynns Gesicht hellte sich auf. „Ihr würdet mir die Hälfte für ein Auto bezahlen?" Sie sah ganz neue Möglichkeiten auf sich zukommen.

Willie nickte. „Wenn wir dafür ein verkehrstüchtiges Fahrzeug bekämen, ja."

Lynn war hellauf begeistert. „Ich könnte einen Teilzeitjob annehmen. Sie suchen noch eine Bedienung für Mr. Jims Huhn-und-Austern-Imbiß."

Der Name löste bei Alf Erinnerungen aus, die er mitteilen mußte: „Wir hatten auch so einen Mr. Jim auf Melmac. Aber bei dem gab es Hunde und ..."

„Behalt es für dich, Alf", bat Willie.

Das tat Alf natürlich nicht. „Der mußte dann ins Gefängnis, weil er Hundefutter serviert hatte, und dabei hatte er gesagt, es wäre Collie."

„Scheußlich", rief Willie.

Alf legte den Kopf schief und schaute Willie über den Tisch hinweg fragend an. Er fand es auch scheußlich, wenn Hundefutter statt Collie serviert wurde. Aber er hatte nicht erwartet, daß Willie ihm da zustimmte. Wenn Willie so dachte, konnte er es vielleicht wagen, doch mal mit ihm zu reden. Alf schielte nach dem Kater.

„Sag doch was dazu, Paps", forderte Lynn, um wieder auf das Thema Auto zu kommen.

Willie aber war durch Alfs Blick irritiert und wiederholte laut: „Ich sagte bereits, daß ich es scheußlich finde, Hunde zu essen." Alfs Illusion zerflog. Er hatte Willie also doch überschätzt.

„Ich meine doch die Sache mit dem Job", versuchte Lynn Willie wieder für das Auto zu interessieren. Sie begann langsam zu verzweifeln. Alf konnte wirklich jedes ernsthafte Gespräch mit einigen Worten völlig durcheinanderwirbeln. Paps war ihm einfach nicht gewachsen.

„Ah so, ja", kam Willie mühsam wieder zum Kern der Sache zurück. „Wird dir denn das nicht zuviel neben der Schule? Du weißt, du hast nicht die besten Noten."

„Ein Grund mehr, eine andere Karriere zu starten", mischte sich Alf wieder ein. Diesmal bekam er es aber mit Kate zu tun, die ihn streng zurechtwies: „Dich hat niemand gefragt, Alf."

„Wenn ich darauf warten würde, käme ich nie zu Wort", maulte der Melmac.

Der Familienrat beschloß trotzdem, Lynn ihren Job zur Finanzierung eines eigenen Autos zu erlauben.

Alf übernahm es am Abend, Lynn den Test abzufragen, den sie dafür machen mußte. Sie saßen auf dem Bett in Lynns Zimmer, und dem Mädchen fielen fast schon die Augen zu, nachdem sie einhundertfünfzig Fragen über Hühner und Austern durchgegangen waren. Als Kate schließlich mit einer Tasse Kakao hereinkam, war Lynn bereits eingeschlafen.

Der zusätzliche Streß nach der Schule war einfach zuviel für sie, wie sich in den nächsten Tagen immer wieder herausstellte. Dennoch hielt sie tapfer durch und übte zu Hause beim Essen auch noch das fachgerechte Servieren. Alf beobachtete sie und machte sich offensichtlich seine eigenen Gedanken ...

Einige Tage später ließ er die Bombe platzen: Alf bat, nein, er bestellte die Familie in die Garage – und dort brachten die Tanners den Mund erst einmal nicht mehr zu. Vor ihnen stand ein nagelneuer roter Neunzigtausend-Dollar-Ferrari. Und was für ein Wagen! Das Armaturenbrett aus Mahagoni, die Sitze in Leder, die Räder verchromt und als Clou ein Autotelefon.

„Für dich, Lynn", sagte Alf so selbstverständlich, als hätte er ihr eine Schallplatte gekauft.

Lynn schnappte nach Luft, Willie fuhr sich über die Augen, weil er hoffte, daß dies nur ein Traum war, und Kate wurde es abwechselnd heiß und kalt bei den Überlegungen, wie dieser Superschlitten wohl hierhergekommen war. Brian sprach schließlich aus, was alle dachten:

„Wo hast du den geklaut, Alf?"

Alf machte ein beleidigtes Gesicht. „Gekauft. Ein Melmac klaut nicht."

„Ich kann es nicht fassen", keuchte Willie und sah sich schon im Gefängnis, verurteilt wegen Betrugs. Wie sonst, als über sein Kundenkonto hätte Alf den Ferrari wohl kaufen können? Trotzdem fragte er sicherheitshalber, wenn auch mit wenig Hoffnung:

„Wie hast du den gekauft?"

Dabei traten Willie Schweißperlen auf die Stirn. Er fürchtete sich vor der Antwort.

„Über meine Makler, Checkter, Cosay und Klein", erklärte dagegen Alf lapidar, ganz im Stil eines Großkapitalisten. „Ich hatte die Jungs beauftragt, das Gold aus meinem Raumschiff zu verkaufen."

„Du hast Gold?" Willie mochte es nicht fassen.

„Ich hatte Gold", berichtigte ihn Alf, der sehr für Logik war, wie bekannt ist. „Alle Leitungen in meinem Raumschiff waren aus Gold, nicht aus Messing, wie du dachtest. Außer in der Toilette. Die waren aus Platin. Übrigens haben Checkter, Cosay und Klein vom restlichen Verkaufserlös für mich eine Mango-Farm in Oxnard gekauft. Werde dort wohl demnächst nach dem rechten sehen."

Lynn kniete nieder und fiel Alf überschwenglich um den Hals. „Oh, Alf, das ist das schönste Geschenk, das ich jemals bekommen habe."

Willie schüttelte den Kopf. „Darüber werden wir noch reden müssen, Lynn. Wir können kein Neunzigtausend-Dollar-Auto behalten."

„Was soll dieser Neid", konterte Alf lässig. „Nur weil deine Tochter jetzt ein besseres Auto fährt als du. Ich hätte mehr Charakter von dir erwartet, Willie."

Willie fauchte. „Und ich erwarte von dir, daß du deine Makler anrufst, daß sie den Wagen zurücknehmen."

Alf schüttelte den Kopf. „Geht nicht. Joel, der die Angelegenheit für mich gedeichselt hat, ist bis Donnerstag in Palm Springs. Er ist ein vielbeschäftigter Bursche, dieser Joel. In der freien Wirtschaft geht es nun mal härter zu, als bei deinen Beamten, Willie. Und jetzt habe ich zu tun. Ich muß noch ein paar Sender in diesem computergesteuerten Autoradio programmieren." Alf kletterte auf den Beifahrersitz.

Willie schnaufte verächtlich durch die Nase. „Du rührst dich hier nicht vom Fleck, bis wir drüben die Sache durchdiskutiert haben. Kommt mit", forderte er dann Kate und die Kinder auf.

Alf rief Lynn noch hinterher: „Laß dich von dem Spießer nicht unterbuttern, Mädchen."

Willie verzichtete darauf, dem Melmac an die Gurgel zu gehen, vorerst. Hier galt es, den anderen den Wert des Geldes und den Sinn von Geschenken klarzumachen. Geschenke, das waren für Willie Krawattennadeln oder Füllfederhalter oder eine Blumenvase.

Brian sah dies logischer und erinnerte Paps daran: „Das haben wir aber schon alles. Wir brauchen ein Auto."

„Ich weiß schon, was ihr jetzt denkt", vermutete Willie, „ihr haltet mich für einen Spielverderber und für ein Scheusal."

„Ich nicht", beruhigte ihn Kate sanft, während Lynn nüchtern feststellte: „Ich schon." Brian gab ihr absolut recht.

Willie versuchte es mit väterlichem Einfühlungsvermögen: „Aber ihr verliert ein wichtiges Ziel aus den Augen. Man schätzt die Dinge einfach mehr, wenn man sie sich verdienen muß und nicht geschenkt bekommt. Man soll für das, was man haben will, arbeiten."

Lynn rechnete in Gedanken nach und kam zu dem Ergebnis: „Also dann könnte ich mir mit sechzig das Armaturenbrett von dem Ferrari leisten und eventuell eines dieser verchromten Räder dazu, vielleicht ein zweites, wenn ich bei Mr. Jim Überstunden mache und die Hühner im Akkord verkaufe."

„Der Wagen kommt weg, das ist mein letztes Wort, so leid es mir tut", blieb Willie hart. „Und ..."

Der Rest ging im Lärm eines tieffliegenden Flugzeuges unter. Es mußte allerdings sehr tief fliegen, weil es durch Willies Garage rauschte und eine Wand durchbrach.

Willie und die anderen brauchten ein paar Sekunden, bevor sie verstanden, daß das kein Flugzeug war, sondern etwas anderes Schreckliches. Sie stürzten zur Tür hinaus und sahen gerade noch das Heck des roten Ferrari in Richtung Highway schießen.

Willie wurde es schwarz vor Augen: „Oh, mein Gott. Irgendwo auf einer Autobahn jagt jetzt ein Außerirdischer in einem roten Ferrari dahin."

„Das Ding macht locker seine zweihundertachtzig Stundenkilometer", wußte Brian dazu zu sagen, was

Willie nicht gerade beruhigte. Auf diese Weise konnte Alf in null Komma nichts in Mexiko sein.

Der Ferrari bog inzwischen mit heulenden Reifen auf den Highway in Richtung Oxnard ein. Alf fuhr Vollgas, wenn er auch noch nicht richtig begriff, was ihm geschah. Er hatte nur kurz den Motor angelassen, und schon war er durch das geschlossene Garagentor gerauscht.

Jetzt befand er sich auf der Überholspur, und der Fahrtwind in dem offenen Wagen bog ihm seinen Bocksschopf flach nach hinten. Alf jagte eine ältere Dame in ihrem Chevy von der Straße und schrie grob hinüber, sie solle sich gefälligst davonscheren, sie befände sich hier nicht auf einer Parade. Gott sei Dank konnte die nicht sehen, was da eigentlich am Steuer des Sportwagens saß. Alf war zu schnell. Er grunzte zufrieden. Dann bediente er das Autotelefon, um ein bißchen mit Willie zu plaudern.

Der war einem Herzinfarkt nahe, als er so plötzlich Alfs Stimme hörte. „Bitte, Alf", jammerte Willie, „bitte fahr von der Straße herunter, einfach runter von der Straße und sag mir, wo du gerade bist."

„Hey, du Träne, schon mal was von Blinkzeichen gehört", kam es durch den Hörer. „Entschuldige, Willie, du warst nicht gemeint. Aber die fahren hier wie die Idioten, einfach saumäßig."

„Wo bist du, Alf?"

Willie schrie es verzweifelt hinaus. Er war am Zusammenbrechen.

„Bleib ganz ruhig, Willie", hörte er Alf sagen. „Ich schau nur mal schnell nach meiner Mango-Plantage. Gerade bin ich an einem Motel vorbeigefahren, in dem heute ein Barkeeper-Kongreß stattfindet . . . ich . . . bin jetzt in . . . der Nähe . . . von . . ." Dann war die Verbindung tot.

Willie stöhnte auf. Auch das noch! Er mochte gar nicht daran denken, was der verrückte Melmac jetzt mit seinem Geschoß anstellen konnte.

In den folgenden Stunden erkundigte sich Willie jede Viertelstunde bei der Polizei nach größeren Unfällen. Aber abgesehen davon, daß ein Schwein von einem Sattelschlepper gefallen war, konnten die Beamten nichts vermelden. Also war Alf wohl schon über die Grenze nach Mexiko gedonnert, schloß Willie scharf und begann zu beten.

Alf war aber nicht in Mexiko, wie ein neuerliches Krachen aus der Garage kurz darauf bewies. Im Nu war die ganze Familie dort versammelt.

Da stand der Ferrari, und Alf saß hinter dem Steuer. Der Melmac war zwar etwas außer Atem von seinem rasanten Ausflug, aber unversehrt, was man von der Garage nicht sagen konnte: Sie war inzwischen nach zwei Seiten offen. Auch vom stolzen Ferrari war nicht mehr viel übrig. Alf mußte schwer gewütet haben.

Willie half dem Kleinen aus dem Sitz, der mit einem Blick auf die lädierte Garage bemerkte, daß er wohl eine Brille beim Fahren bräuchte.

Willie war, jetzt wo Alf gesund wieder zu Hause war, außer sich und bombardierte Alf mit schweren Vorwürfen: „Du brauchst keine Brille, sondern einen Anwalt, wenn ich mir die Trümmer hier so betrachte. Und solche und ähnliche Dinge passieren mit dir immer und immer wieder. Ich habe es satt!"

Alf bettelte mit seinen Augen Kate an und meinte treuherzig: „Aber wir hatten auch lustige Zeiten. Sag es ihm, Kate, sehr lustige Zeiten."

„Aber das hier gehört bestimmt nicht dazu", ließ ihn Kate im Stich. „Sag lieber gleich, was du noch alles bei deiner Wahnsinnsfahrt angerichtet hast."

Alf überlegte. So einfach war das in einem Satz nicht zu sagen. Langsam und konzentriert begann er aufzuzählen: „Also, Mrs. Ochmonek wird wohl in Kürze anrufen. Wegen ihrer Hecke. Viel ist nicht mehr davon übrig, wenn ich ehrlich bin. So ein Ferrari macht keine halben Sachen. Die Leute, deren Veranda ich auf dem Rückweg mitgenommen habe, kenne ich nicht. Du wirst aber sicher von ihrer Versicherung hören, Willie, sei da ganz beruhigt. Dann waren da noch ein paar Vorgärten. Der Rest ist verschwommen."

Alf sah zu Willie hoch, mit einem Ausdruck, als wollte er sagen: „Na, du hast dir das alles wohl schlimmer vorgestellt. Aber auf den alten Alf ist Verlaß."

Willie jedoch reichte es vollauf. Wenn er an die kommenden Schadensrechnungen dachte, sah er auch schon alles verschwommen.

Aber da schlug ihm Alf vor, den Ferrari wieder zu verkaufen und ihm die Summe zur Verfügung zu stellen, was Willie ganz in Ordnung fand. Damit war die Sache mit Lynns Geschenk erledigt.

Am nächsten Tag erfuhr Alf, daß seine Plantage davongeschwemmt worden war und sich Joel mit dem Bargeld und auf unbestimmte Zeit nach Paraguay abgesetzt hatte.

Alf war pleite, ohne daß ihn das natürlich sonderlich aufregte.

Anschließend reparierte er zu Willies Überraschung auch noch dessen altes Vehikel, wie er es in der Fernsehserie „Selbst ist der Mann" gelernt hatte. Über ein zweites Auto wurde innerhalb der Familie Tanner nicht mehr gesprochen, und Lynn verzichtete darauf, Hühner und Austern zu verkaufen.

Wenn es um seine Bequemlichkeit ging, konnte Alf äußerst erfinderisch sein.

Eines Tages kamen Kate und Willie vom Einkaufen nach Hause und fanden ihn auf der Couch, vor sich seine neueste Erfindung, ein Regal, in dem er mühelos alles erreichen konnte, was sein Leben zum Genuß machte: Essen und die Fernbedienung vom Fernseher.

Im Augenblick trank er eine Tasse Kaffee und sah sich Jane Fondas Aerobic-Sendung an, und die Fächer in seinem Regal glichen einer erlesenen Salatbar.

„Kannst dich ruhig bedienen", lud er Kate gutgelaunt ein, während Willie die Einkaufstüten in die Küche brachte. „Nur, wenn du mir den Kassettenrecorder noch zurechtrücken würdest. Den kann ich schlecht erreichen ..." Er wurde durch das Läuten der Türglocke unterbrochen.

Kate meinte sarkastisch zu Alf, dem Faulen: „Also, wer immer das ist. Ich werde ihn abwimmeln. Wir können unmöglich zulassen, daß du gestört wirst."

„Sag einfach, man möge sich schleichen", schlug Alf, vornehm in der Sprache und rüde im Ausdruck, vor und nahm einen Schluck Kaffee.

Kate lugte gerade durch den Türspion, als Willie aus der Küche kam: „O Gott, es ist meine Mutter!" entfuhr es ihr.

Alf grunzte unwillig. „Ha, und was treibt sie an unser Ufer? Wie kann sie es wagen, dero Gnaden Alf in seiner Ruhephase zu stören?" Er wußte natürlich, was der Besuch für ihn bedeutete.

Willie machte es ihm auch gleich klar. „Hör auf,

große Reden zu schwingen, du Faultier. Pack deinen Kramladen und ab in die Küche.“

Alf zog beleidigt ab.

Von der Küche aus hörte er Kate ihre Mutter begrüßen, und auch Lynn und Brian waren inzwischen ins Wohnzimmer gekommen, um ihre Großmutter zu umarmen. Alf war sauer.

„Also, was soll ich euch sagen“, hörte er Großmutter erzählen, „ich bin auf dem Weg nach Hawaii, mit der verrückten Estelle. Sie besucht ihre Tochter hier, und ich dachte, ich schau' die drei Tage mal bei euch rein.“

Alf schüttelte sich angeekelt. Wie er Willie und Kate kannte, bedeutete das für ihn, daß er drei Tage unsichtbar bleiben mußte. Alf riskierte einen Blick durch die Küchendurchreiche. Kates Mutter stand mit dem Rükken zu ihm, umgeben von einer besorgniserregenden Menge von Gepäckstücken, und musterte gerade Lynn und Brian.

„Ihr seht mager aus. Bekommt wohl nicht genug zu essen oder nur belegte Brote. Ich werde euch heute abend einmal etwas Anständiges kochen. Ich habe euch auch ein paar warme Sachen zum Anziehen mitgebracht. Ihr müßt ja frieren, so kalt wie es in diesem Haus ist. Willie verdient als Vertreter wohl zu wenig ...“

„Nein“, rief Kate und meinte Alf, dessen Kopf sie erblickte. Alf tauchte unter. Wie er bisher so gehört hatte, hatte Großmutter ganz schön Haare auf den Zähnen. Anscheinend war sie bereits dabei, hier das Kommando zu übernehmen.

„Was nein“, wollte Kates Mutter wissen. „Und wieso schreist du mich so an?“

„Sie wollte dir nur sagen“, griff Willie ein, „daß ich kein Vertreter, sondern Beamter bei der Fürsorge bin.

Und in Kalifornien muß man um diese Zeit kein Haus heizen. Draußen hat es dreißig Grad im Schatten."

„Trotzdem. Ich habe einen Schal für Brian und einen warmen Pullover für Lynn mitgebracht", sagte Großmutter energisch und maß Willie mit einem verächtlichen Blick, weil sie von Vertretern nicht viel hielt, schon gar nicht von solchen, die ihren Beruf auch noch verleugneten. „Die armen Kinder haben ja gar kein Körperfett auf den Rippen."

„Die Alte ist pures Gift", dachte Alf in der Küche wütend. Mit der würden Kate und Willie nicht fertig werden. Und für seine Bequemlichkeit sah er ganz schwarz.

Alf behielt recht. Während Großmutter in ihrem Zimmer die Koffer auspackte, zerrte Willie den zeternden Melmac in die Garage hinüber und schloß das Tor zu.

Später brachten Kate und Lynn ihm sein Abendessen hinüber. Sie fanden Alf am Mikrophon des Kurzwellensenders, wie er hineinrief: „Hilfe, Hilfe, man hat mich in der Garage eingeschlossen. Es soll bitte jemand bei Pizza-Barke anrufen und eine Riesenpizza bestellen. Ich bin ohne Nahrung und werde gleich ohnmächtig ... Oh, die Sache hat sich erledigt. Meine Wärter sind da."

Alf machte sich über das Essen her wie ein ausgehungerter Wolf, wobei ihn die beiden kopfschüttelnd beobachteten.

„Er muß ziemlich hungrig sein", bemerkte Lynn. „Er hat sich nicht einmal Zeit für ein Gebet genommen."

Alf schmatzte und rülpste dazwischen laut. „Schmeckt gut. Hast du endlich kochen gelernt, Kate?" Dann steckte er seine Schnauze in voller Länge in die Schüssel und leckte sie aus.

„Das hat meine Mutter gemacht", berichtigte ihn Kate so böse, wie sie werden konnte, wenn man über ihre Kochkünste herzog. „Übrigens wirst du einige Tage in der Garage bleiben müssen“, setzte sie rachsüchtig hinzu.

„Steck doch deine Mutter in die Garage“, schlug Alf vor.

„Du kannst doch nicht erwarten, daß ich meine Mutter in der Garage schlafen lasse“, entrüstete sich Kate. „Außerdem gefällt mir deine Ausdrucksweise nicht.“

Alf tat beleidigt. „Klar, soll doch der Abartige in der Garage pennen. Mit dem kann man es ja machen.“

„Niemand hält dich für abartig.“ Kate war verwundert.

„Könntest du dir mich als Schwiegersohn vorstellen?“

„Nein.“ Das konnte Kate beim besten Willen nicht, woraus Alf schloß:

„Also, dann bin ich ein Zwischending zwischen einem Abartigen und einem Schwiegersohn, den keiner haben will.“

„Meine Güte, Alf, es ist doch nur für drei Tage“, erinnerte ihn Lynn. Aber Alf konnte dem nichts Positives abgewinnen und meinte düster: „Lange genug, um mich an Körper und Seele zu brechen. Hier drin ist ja nicht einmal ein Fernseher.“

„Wir können dir den kleinen Apparat reinstellen“, schlug Kate vor.

Alf war empört. Er rollte mit den Augen. „Die Schwarzweiß-Schachtel mit dem Briefmarken-Bildschirm. Soll ich mir die vor die Schnauze kleben?“

„Ich hoffe, Eure Lordschaft werden die drei Tage überstehen“, meinte Kate süffisant. Alf streckte ihr die Zunge heraus, als sie mit Lynn aus der Garage ging.

Die nächsten drei Tage wurden besonders für Kate zur Qual. Ihre Mutter mäkelte ständig an ihr herum, putzte hinter ihr her und ließ kein gutes Haar an ihrer Haushaltsführung. Aber in einer guten halben Stunde würde alles überstanden sein, die Abreise stand bevor.

Doch dann hörte Kate, wie ihre Mutter mit deren Reisegefährtin Estelle telefonierte.

„Was heißt, du kommst in letzter Minute ... ich hasse es, zum Flugplatz zu hetzen ... ja allerdings, du verärgerst mich sehr ... was meinst du mit niemand kann mit mir auskommen ... jeder mag mich ... von mir aus, dann flieg doch alleine nach Hawaii ... ich hoffe, falls ein Vulkan ausbricht, du stürzt dich hinein."

Dann warf sie den Hörer auf die Gabel und verkündete der entsetzten Kate: „Mit dieser Frau fahre ich nicht nach Hawaii. Ich bleibe hier. Und jetzt putze ich erst einmal das Bad. Das hast du vorhin sehr schlampig gemacht, Kate."

„Also, deine Mutter ist wirklich erstaunlich", bemerkte Willie abends im Bett zu Kate, „in den Kacheln im Badezimmer kannst du dich spiegeln."

„Wer will denn das", fauchte Kate, und Willie merkte schnell, daß er empfindlich ins Fettnäpfchen getreten war. Er versuchte die Kurve noch zu kriegen und entschuldigte sich: „Ich nicht. War ja nur so dahingesagt."

„Schon gut", war Kate halbwegs besänftigt. „Es macht mich eben einfach wahnsinnig, daß sie mich immer noch wie ein kleines Kind behandelt und ständig bevormundet."

Willie starrte gegen die Decke, weil ihm ein Gedanke durch den Kopf ging, der zwar ungewöhnlich, aber, wenn er es sich recht überlegte, gar nicht so übel war. Er drehte den Kopf zu Kate und meinte langsam: „Vielleicht sollten wir ihr tatsächlich Alf zeigen. Das würde sie wahrscheinlich aus dem Haus treiben."

Unter ihm meldete sich eine zornige Stimme, die Willie hochfahren ließ. Auch Kate erschrak. Die Stimme sagte: „Herzlichen Dank für diese Liebenswürdigkeit. Es ist gut zu wissen, daß einen die anderen für ein Monstrum halten."

Dann wurde Alfs Schnauze unter dem Bett sichtbar und kurz darauf der Rest von ihm.

„Alf", erholte sich Kate wieder, „was um Himmels willen treibst du da unten, mitten in der Nacht?"

Alf stellte sich neben das Bett und knurrte: „Ich halte mich warm, was sonst. In der Garage herrschen Temperaturen wie in einem Leichenkeller. Aber ich kann nicht jede Nacht unter eurem Bett schlafen."

„Ganz meine Meinung", gab ihm Willie da durchaus recht. „Wäre ja noch schöner."

„Aber ich weigere mich, in die Garage zurückzugehen", erklärte Alf stur. „Und wenn wir uns gemeinsam etwas einfallen lassen, um Großmuttern aus dem Haus zu jagen. Stelle mich gerne zur Verfügung."

„Es wäre vielleicht wirklich das beste, wir würden ihr von Alf erzählen", erwärmte sich Kate für den Gedanken. „Er kann ja nicht ewig in der Garage leben. Alf braucht sein gewohntes Bett. Wenn Mutter trotzdem hierbleiben will, dann soll sie eben."

„Und wie sollen wir es anfangen?" fragte sich Willie. „Setzen wir sie in eine ruhige Ecke und fragen sie vorsichtig, ob sie schon mal etwas von E.T. gehört hat?"

„Ich bin nicht E.T.", wehrte sich Alf empört. „Ein blöder Vergleich. Stell dir vor, mich fragt jemand von

Melmac, welches Wesen du bist, und ich sage zu ihm, er solle sich den verrückten Professor aus dem Jerry-Lewis-Film vorstellen, dann kennt er auch Willie Tanner."

„Dummes Zeug", schnarrte Willie. Er war müde. „Okay, Alf. Wir reden morgen darüber. Vorher wirst du nichts unternehmen, klar."

„Mach dir nur keinen Knoten ins Nachthemd", empfahl ihm Alf salopp und kroch wieder unters Bett.

Aber er hatte seine eigenen Pläne längst gemacht. Hier war schnelle Initiative angesagt. Und da traf es sich seiner Meinung nach gut, daß Großmuttern um etwa diese Zeit meist in der Küche auftauchte, um sich noch etwas aus dem Kühlschrank zu holen, wie er von Lynn erfahren hatte.

Als er über sich die regelmäßigen Atemzüge von Kate und Willie hörte, schlich Alf sich aus dem Schlafzimmer und hockte sich mit einer Tasse Kaffee in die dunkle Küche. Bald darauf hörte er ein sich näherndes Schlurfen. Alf kicherte in froher Erwartung in sich hinein.

Eine Gestalt erschien in der Tür und knipste das Licht an.

„Hallo, Großmama", sagte Alf schlicht. Mehr brauchte es auch nicht. Dorothys Blick fiel auf den sie angrinsenden Alf. Dann griff sie sich ans Herz und flüsterte: „Oh, mein Gott."

„Setz dich doch, Großmütterchen", lud Alf sie herzlich ein, „und trink ein Täßchen Kaffee mit mir."

Aber Dorothy machte keine Anstalten dazu. Sie blieb in ihrer Ecke stehen und fragte heiser: „Wer bist du?"

Sie mußte versuchen, so schnell wie möglich aus diesem Alptraum aufzuwachen.

Alf stellte sich höflich vor:

„Mein Name ist Alf. Ich komme vom Planeten Melmac. Ich bin Angehöriger einer Zivilisation, die eurer um Millionen Jahre voraus ist, und lebe jetzt in einem Wäschekorb neben der Waschmaschine. Sonst noch Fragen?"

Dorothys Gehirn machte einen Gedankensprung. Jetzt glaubte sie zu wissen, was sie hier vor sich hatte. Sie marschierte entschlossen zu Alf und begann nun zu dessen Überraschung, mit einem Finger an ihm herumzustochern. Dabei sagte sie: „Ich weiß jetzt. Du bist etwas, das Willie gemacht hat. Er macht immer so verrückte Sachen in seiner Garage." Dabei piekste sie gegen seine Brust.

Alf begann diese Stocherei unangenehm zu werden. „Hey, hör auf, an mir rumzupieken. Ich gebe dir mein Wort darauf. Ich bin ein Wesen aus dem All, und seit du hier bist, muß ich in der Garage dahinvegetieren. Das paßt mir ganz und gar nicht. Ich bin Komfort gewöhnt ... Iihh, jetzt reicht es aber."

Alf machte einen Satz hoch, weil Dorothys Finger ihn unter der Achselhöhle kitzlig erwischt hatte, und wetzte zur Tür.

„Wir sprechen uns morgen wieder", versprach er noch, bevor er den Rückzug antrat.

Irgendwie war das erste Treffen zwischen ihm und Großmutter unentschieden ausgegangen.

„Oh, gütiger Gott, es war also doch kein Traum", prallte Dorothy aber am nächsten Morgen erschrocken zurück, als sie Alf am Frühstückstisch sitzen sah.

„Setz dich hin und schütte mir dein Herz aus", sagte Alf gütig.

Kate machte gerade in der Küche Frühstück und hatte von Alf bereits die Geschichte der nächtlichen Begegnung gehört. Sie wußte nicht recht, ob sie darüber glücklich sein sollte oder nicht. Aber jetzt war es sowieso nicht mehr zu ändern und am besten, den Dingen erst einmal ihren Lauf zu lassen.

Aber warum war es draußen so still?

Als Kate aus der Küche kam, um den Tisch zu dekken, saßen sich Alf und ihre Mutter gegenüber und starrten sich an. Dorothy guckte Alf böse an. Alf glotzte zähnefletschend zurück.

„Also, jetzt weißt du es", sagte Kate in die giftgeschwängerte Atmosphäre hinein. „Wir leben mit einem Außerirdischen zusammen."

„Was ist nur aus dir geworden, Kate", bekam sie als Antwort.

Es klang sehr niedergeschlagen. So, als hätte Dorothy gerade erfahren, daß ihre Tochter eine Kleptomanin war und außerdem nachts fremde Häuser anzündete.

„Ich spüre negative Schwingungen", stellte Alf schnüffelnd fest, als Lynn und Brian erschienen.

„Guten Morgen, Mam", wünschte Lynn. „Guten Morgen, Großmama, guten Morgen, Alf . . . o Gott."

„Oder so", nickte Kate.

Brian begriff die Situation eher und freute sich. „Oh, Großmama, du kennst Alf schon. Ist er nicht großartig?"

„Wird er zusammen mit uns am Tisch sitzen?" fragte Dorothy in einem Tonfall, der Brians Frage beantwortete. Sie fand Alf widerlich.

„Alf ißt immer mit uns", klärte sie Brian auf, als Willie als letzter hereinkam und sich auf den Platz neben Alf setzte.

Das war zuviel für Dorothy. Offensichtlich pflegte dieses kleine Ungeheuer hier auch noch am Kopfende der Tafel zu thronen, wo normalerweise der Herr des

Hauses hingehörte, was sie Willie verächtlich an den Kopf warf.

Der winkte gemütlich ab. „Ist doch egal, wer wo sitzt. Es weiß doch jeder von uns, wer hier der Herr im Hause ist.“ Er reichte Alf eine Karaffe und fragte: „Saft?“

Alf nickte königlich. „Ja, und wie wäre es mit ein paar von diesen belgischen Waffeln? Die mag ich besonders.“

„Heute gibt's Pfannkuchen“, bedauerte Willie. „Einverstanden?“

Dorothy schnaufte laut. „Entsetzlich. Dieser kleine Mops vom Mond befiehlt in eurem Haushalt.“

„Hey, hey, hey“, belehrte sie Alf sofort aufgeregt. „In der Schule hast du aber nicht viel Zeit verbracht. Auf dem Mond gibt es keine Möpse.“

„Ich habe das auch nicht wörtlich gemeint, sondern als Beleidigung“, schoß Dorothy zurück.

„Grr“, machte Alf. „Wenn ich jetzt eine Papierserviette und einen Strohhalm hätte, würde ich dich mit Spuckekugeln vollpumpen.“

Brian und Lynn kicherten, was Dorothy erst recht auf die Palme brachte. „Muß ich mir das von diesem Giftzwerg gefallen lassen?“ ereiferte sie sich.

Bevor einer von beiden antworten konnte, stellte sie Alf vor die Alternative: „Also, entweder geht die oder ich. Wen trifft es, Kate?“

Kates Entscheidung kam Dorothy nicht spontan genug. „Mußt du denn darüber wirklich noch nachdenken?“

„Nein, äh, ja“, verhedderte sich Kate hoffnungslos. Alf und ihre Mutter, das war zusammen schlimmer als Fliegeralarm. Zu ihrer Erleichterung übernahm Willie das Wort und erklärte weise: „Niemand wird gehen und keiner wird bleiben.“

„Ein ganz klarer Standpunkt", urteilte Alf bedächtig. „Kein Wunder, daß du nicht am Kopfende des Tisches sitzen darfst."

Dorothy beharrte auf Klarheit. Sie war bereit zu kämpfen, bereit zum Krieg mit diesem Monster. Hätte sie Alf besser gekannt, wäre ihr klar gewesen, daß man gegen Alfs Schnauze nicht ankam. So aber wandte sie sich gekränkt an Kate: „Ich hätte nie geglaubt, daß meine eigene Tochter mich mal aus dem Haus werfen würde."

„Aber niemand wirft dich raus", kam Lynn ihrer entnervten Mam zu Hilfe, was Großmutter nicht zur Kenntnis nahm. Sie bohrte weiter in Kate: „Seit ich hier bin, willst du schon, daß ich verschwinde."

„Das dürfte richtig sein", pflichtete ihr Alf eifrig bei, worauf ihn Dorothy mit Blicken tötete. „Würdest du dich da raushalten."

„Sag es ihr, Kate", hetzte Alf, zwar nicht unbeeindruckt von Großmutters Ausstrahlung, aber auch in der Gewißheit, am weitesten von ihr weg zu sitzen.

„Ja, ja, es ist wahr", brach es aus Kate heraus. Kate hatte keine Kraft mehr für Diplomatie.

Willie wurde dabei unwohl. „Äh, vielleicht ginge es etwas weniger direkt?"

„Halt du dich da raus, Willie", mahnte ihn Alf sofort. Die Sache entwickelte sich endlich ganz nach seinem Geschmack.

Aber nachdem der Anfang gemacht war, kam Kate sowieso in Fahrt. „Mami, du treibst mich zum Wahnsinn. Du kommst in mein Haus, übernimmst sofort das Kommando und gibst mir das Gefühl, daß ich überhaupt nichts richtig mache."

„Also ich, so was tu' ich doch nicht", wehrte sich ihre

Mutter gegen solche Anschuldigungen, was Alf sofort zum Eingreifen zwang.

„Darf man lügen“, tadelte er Dorothy.

Die war nun sehr nahe daran, ihm den Kopf abzureißen. „Du bist an allem schuld. Du hast meine Tochter gegen mich aufgehetzt und irgendwelche kosmischen Kräfte benützt, um sich ihrer Gedanken zu bemächtigen.“

„Großmütterchen redet Quatsch“, erklärte Alf den anderen.

Kate machte dem Streit schließlich ein Ende, indem sie die beiden Kampfhähne zur Ruhe aufforderte und ihrer Mutter sanft erklärte:

„Jetzt hör mal. Wir lieben dich alle“, wobei sie Alf scharf anblickte. „Aber das ist unser Haus, und wenn du hierbleiben möchtest, dann mußt du eben einige Regeln beachten ...“

„Keine Vergnügungsfahrten im Wäschetrockner und Lucky nicht anknabbern“, konnte Alf sein loses Maul schon wieder nicht zügeln.

„Das gilt ja nun nur für dich“, erinnerte ihn Lynn, was Alf regelrecht entsetzte: „Was, nur für mich? Darf sie etwa Lucky fressen?“

„Es gibt nur eine Regel, die wichtig ist“, fuhr Kate lauter fort, um Alf abzuwürgen, „behandle deine Tochter wie eine Erwachsene. Und jetzt frühstücken wir erst einmal.“

Damit war die Luft erst einmal gereinigt und Waffenstillstand erreicht. Dorothy beschloß, doch noch länger bei Tochter und Schwiegersohn zu bleiben, was sich sehr zum Verdruß von Alf erweisen sollte. Denn Dorothy hatte eine Vorliebe, die sich mit einer von Alfs Leidenschaften fatal ins Gehege kam: Fernsehen.

Am nächsten Tag, als er gerade eine seiner Lieblingssendungen verfolgte, eine blutrünstige Fernsehserie, schaltete Dorothy wieder mal auf einen anderen Kanal um, auf dem die „Dalton-Familie“ lief.

Alf guckte böse von der Couch auf Großmutter, die ihm körperlich zu seinem Leidwesen überlegen war, so daß er sich auf Schimpfen beschränken mußte.

„Was bildest du dir ein? Das ist kein Fernsehfilm, sondern ein Schlafmittel.“

Aber Großmutter beachtete ihn gar nicht. Bei den Daltons, einer betulichen Familienserie, war sie immer wie hypnotisiert. Alf schnappte nach der Fernbedienung und schaltete auf seinen Kanal um.

Der Fernsehkrieg war wieder ausgebrochen.

Alf zog dabei allerdings den kürzeren: Dorothy entriß ihm die Fernbedienung und schaltete die Daltons ein:

„Was findest du an diesem Mist“, fauchte Alf, der vor Wut fast platzte.

„Ich sehe Liebe, Leidenschaft, Wärme, einen Appell für Menschlichkeit“, klärte ihn Dorothy auf.

Alf lachte verächtlich: „Lucky würde bessere Drehbücher schreiben, und ich sowieso.“

„Ha“, machte Großmutter nicht weniger verächtlich. „Wann solltest du überhaupt Zeit haben zu schreiben? Wenn du dir nicht gerade deine Schnauze vollstopfst, hockst du vor dem Fernseher.“

„Streitet ihr euch schon wieder wegen des Fernsehers?“ fragte Kate seufzend, als sie ins Wohnzimmer kam, wo sich die beiden gegenseitig ankeiften.

„Kate, du weißt, wie gerne ich die Dalton-Familie sehe“, beschwerte sich ihre Mutter. „Aber dieser rote Bettvorleger sabotiert mich ständig.“

„Ha", ereiferte sich Alf. „Bettvorleger? Hör mal, du, du . . ." Er suchte nach einem passenden Vergleich.

„Alf", wollte Kate gerade das verhindern.

„Verhärmte Giraffe", zischte Alf unbeeindruckt.

Er handelte sich eine Standpauke von Kate ein, die ihn darüber aufklärte, daß ihre Mutter hier Gast sei und so lange bleiben konnte, wie sie wollte.

„Du wirst eine Menge Arbeit haben, die Spinnweben von ihren Koffern zu stauben", prophezeite ihr Alf düster.

Eine Woche später hatte Großmutter auch Kate soweit geschafft, daß die sich an einem Abend erschöpft auf die Couch sinken ließ und einen Eisbeutel gegen ihre Stirn preßte.

„Du fühlst dich prächtig, nicht", bemerkte Willie mitleidig.

Kate stöhnte. „Ja, laß uns ausgehen und uns austoben. Weißt du, wo sie hingegangen ist? Sie ist in den Supermarkt, um Kachelreiniger fürs Bad zu kaufen."

„In ein paar Wochen wird sie gegangen sein", tröstete sie Willie, ohne da selbst viel Hoffnung zu haben. Denn Dorothys neueste Version lautete, daß sich Estelle nun den Knöchel verstaucht hatte.

„Sicher", meinte Kate deshalb auch sarkastisch. „Erst wollte sie nur ein paar Tage länger bleiben, dann eine Woche und jetzt noch zwei Wochen länger. Warum muß sie eigentlich auf Estelle warten, um nach Hawaii zu fliegen, frage ich mich. Sie ist doch erwachsen und kann auch alleine reisen."

„Vielleicht solltest du sie festnageln und ihr klipp und klar sagen, daß sie abreisen soll", überlegte Willie ernsthaft.

Alf griff den Gedanken vom Wohnzimmertisch her auf seine Weise auf und meinte: „Gute Idee. Ich hole sofort die Nägel."

„Halt du dich da raus, Alf", wies ihn Willie zurecht und stutzte. „Was notierst du da eigentlich dauernd?" Denn schon die ganze Zeit war Alf dabei, auf einen Block zu schreiben.

„Wer, ich?" stellte Alf sich aufreizend dumm.

„Nein, der Mann im Mond", ärgerte sich Willie darüber.

„Ah, du meinst Fred. Keine Ahnung. Er ruft nie an und schreibt nie." Damit packte Alf seinen Block und stolzierte in sein Zimmer.

Alf hütete sein Geheimnis fast zwei Wochen.

Dann schleppte er die Familie vor den Fernseher, einschließlich Dorothys, der er zuckersüß den besten Platz auf der Couch zuwies. „Setz dich hier in die Mitte, Dottilein. Da kannst du die Daltons am besten sehen. Dies ist eine ganz besondere Folge. Darum sollst du den besten Platz haben."

„Gestern hast du noch gesagt, der beste Platz für mich wäre im Kamin", erinnerte sich Dorothy mißtrauisch. Sie wußte nicht, was sie von der plötzlichen Freundlichkeit des haarigen Monstrums halten sollte.

Brian deutete plötzlich aufgeregt auf den Bildschirm, auf dem gerade der Vorspann zur Dalton-Familie lief. „Schnell, schaut alle mal her. Da steht Alfs Name." Die Köpfe ruckten zum Fernseher, wo tatsächlich geschrieben stand, daß diese Folge ein gewisser Alf Shumway geschrieben hatte. Das erhöhte die Spannung natürlich sofort ungemein.

Auf dem Bildschirm kam Keith Dalton gerade ins

Wohnzimmer, wo er seine Frau erschöpft auf der Couch sitzend vorfand. Sie hielt sich einen Eisbeutel an die Stirn.

„Du fühlst dich prächtig, nicht", bemerkte Keith mitleidig. „Es liegt an deiner Muter, habe ich recht."

„Ja, ich fürchte, sie will für immer hierbleiben", stöhnte seine Frau. „Sie macht mich schier verrückt. Im Augenblick ist sie im Supermarkt, um Kachelreiniger fürs Bad zu kaufen."

„Ich habe vergessen, den Käse in der Küche umzurühren", sagte Kate in die gespannte Atmosphäre hinein. Ihr Gesicht hatte die Farbe von frischgewaschenen Leinentüchern angenommen. Alf hielt sie gutgelaunt zurück.

„Bleib sitzen, Kate. Es wird noch besser."

„Das befürchte ich auch", murmelte Willie nervös, der wie Kate am liebsten im Erdboden versunken wäre.

Keith Dalton schlug seiner Frau gerade vor: „Warum nagelst du sie nicht fest und fragst sie klipp und klar, wann sie endlich abhauen will?"

„Gute Idee", meinte dazu Butch, der Dalton-Sprößling. „Ich hole sofort die Nägel."

Kate und Willie sahen nun wirklich elend aus, während Lynn und Brian in sich hinein grinsten. Dorothys Gesichtsausdruck konnte man mittlerweile mit mißtrauisch beschreiben. Ihre Augen zogen sich zusammen, als Mutter Dalton auf dem Bildschirm die Szene betrat und von Keith begrüßt wurde: „Hallo, Dorothy."

Dorothy, die echte, stierte nun Kate an, die sich gerne unter der Couch verkrochen hätte. „Sie heißt Dorothy", zischte Kates Mutter, während die Fernsehtochter die Fernsehmutter gerade knallhart fragte, wann sie denn endlich abreisen würde, und ihr weiter unmißverständlich erklärte: „Ja, ich will, daß du nach Hause fährst zu deiner verrückten Freundin Estelle."

Das war zuviel. Dorothy, die echte, stürmte aus dem Zimmer.

Kate war jetzt nahe daran, Alf einzustampfen. Doch dann fuhr sie ihn nur an, er solle zur Hölle fahren, und lief ihrer Mutter hinterher.

Alf zuckte mit den Schultern und meinte lapidar: „Hier ist ganz schön was los."

Die allgemeine Stimmung danach ließ die Temperaturen in der Eiszeit erahnen: Kate und Dorothy schwiegen sich im Wohnzimmer an, während Alf mit Block und Kugelschreiber auf der Couch saß und schließlich ungeduldig erwähnte, daß er keine Dialoge schreiben könnte, wenn hier niemand den Mund aufmachte.

Dorothy schlug laut eine Seite einer Illustrierten um, in die sie sich demonstrativ vertieft hatte. Kate tat das gleiche mit einer anderen Zeitung.

„Du schreibst keine Dialoge. Du verspritzt Gift", sagte Dorothy dann eisig.

Kate schloß sich nicht wärmer an: „Unsere Privatgespräche in ein öffentliches Spektakel zu verwandeln. Wie taktvoll."

Alf begann sofort, eifrig zu schreiben: „Gut, gut, wenigstens schon etwas. Hast du was dagegen, wenn ich das verwende, Kate?"

„Du wirst kein einziges Wort von uns mehr wiedergeben", befahl Kate scharf.

Alf wackelte empört mit dem Kopf. „Das ist Zensur. Jedenfalls ist es nahe dran."

„Und du bist nahe dran, dein Bündel zu schnüren",

gab Kate kühl zurück. Alf nickte zufrieden und schrieb das wieder nieder.

„Ich freue mich, daß du auf meine Gefühle Rücksicht nimmst", meinte Dorothy plötzlich etwas freundlicher zu ihrer Tochter.

Kate sah sie bedauernd an. „Oh, Mam, natürlich nehme ich auf deine Gefühle Rücksicht. Es tut mir so leid, daß wir dich verletzt haben."

„Ist schon gut", meinte Dorothy versöhnlich. „Vielleicht sollte ich wirklich gehen. Ich werde Estelle anrufen und euch morgen verlassen."

„Aber ihr verstauchter Knöchel", wandte Kate ein und hörte Dorothy zu ihrer Überraschung sagen:

„Das habe ich nur erfunden. Auch die Hawaii-Reise. In Wahrheit habe ich mich mit Estelle zerstritten und bin aus unserem gemeinsamen Haus ausgezogen."

„Das solltest du auch hier tun", mischte sich Alf schnell ein, bevor Kate etwas zu dieser neuen Entwicklung sagen konnte. „Hier kannst du nicht bleiben."

Er fing sich einen Blick von Dorothy ein, der selbst ihn den Kopf einziehen ließ. Auch ihre Antwort ließ Alf unruhig werden, weil sie verdammt ernst gemeint schien:

„Ich denke, daß du dich als Pullover gut machen würdest."

„Mam, warum hast du mir von dem Streit mit Estelle nicht früher erzählt", fragte Kate vorwurfsvoll.

„Nun, weil du dann Mitleid mit mir bekommen hättest und mich gefragt hättest, ob ich nicht hierbleiben will."

Alf schätzte die Distanz zwischen Dorothy und sich ab, und sie erschien ihm weit genug für eine schnelle Flucht, falls Dorothy ihre Pulloverpläne in die Tat umsetzen wollte. Aufgrund dieses beruhigenden Abstandes rief er zu Kate hinüber: „Jetzt nicht weich werden, Katilein."

„Ich muß nicht Mitleid mit dir haben, um dich zu fragen, ob du hierbleiben möchtest", sagte Kate zu Alfs maßloser Enttäuschung statt dessen. Er schnaufte mißbilligend. Dann läutete das Telefon.

Es war für Alf. Am Apparat war der Redakteur der Dalton-Familie und drängte ihn nach einem neuen Manuskript für die Fernsehreihe.

Alf zog sich in die Garage zurück, um sein neues Manuskript mit Herzlichkeit und Wärme nur so vollzustopfen. Aber damit hatte er seine Probleme. Bosheiten wären ihm genug eingefallen, aber er hatte das bestimmte Gefühl, daß die kleinste Gemeinheit schon ihn auf Lebenszeit in die Garage verbannt hätte. Alf goß literweise Kaffee in sich hinein, bis er davon so nervös wurde, daß er sich mit einem von Willies Hosengürteln am Stuhl festbinden mußte. Dann stierte er weiter auf die leeren Blätter neben seiner Schreibmaschine.

Willie, der nach Alf schauen wollte, hörte einen lauten Schmerzensschrei, gerade als er die Garagentür öffnete.

„Alf, geht es dir gut?" fragte er besorgt und dachte im selben Moment, daß dies offensichtlich nicht der Fall war. Alfs Geist schien sich verwirrt zu haben: Da saß der Melmac festgeschnallt auf seinem Stuhl und hatte sich um den ganzen Kopf Wäscheklammern geklemmt. Dazu schaute er äußerst depressiv.

Willie beschloß, erst einmal vorsichtig zu fragen, was dies alles zu bedeuten hatte. Mit Verrückten mußte man einfühlsam umgehen.

Alf blickte ihn traurig an. „Ach, du meinst die Wäscheklammern. Habe mir gerade mit einer das halbe Ohr abgerissen. Aber ich dachte, daß mich diese Art von Akupressur inspiriert. Ich habe den Schriftsteller-Blackout."

„Du solltest dich erst einmal entspannen", riet ihm Willie, erleichtert darüber, daß Alf wenigstens noch bei Sinnen war.

Alf trommelte mit den Fingern auf die Tischplatte. „Entspannen, ha, ich brauche eine Handlung. Ich will Herzlichkeit und Wärme hineinbringen und muß bis morgen damit fertig sein."

Willie überlegte. „Schreib einfach nieder, was dir durch den Kopf geht, alles, was du denkst."

„Ich habe einen Schriftsteller-Blackout", schrieb Alf.

„Du bist zu nervös, Alf", stellte Willie fest. „Du darfst nicht so nervös sein."

„Ha", höhnte Alf, „ich habe fünfzig Tassen Kaffee in mich hineingeschüttet. Ich bin so aufgeputscht, daß ich mich am Stuhl festbinden mußte. Wenn du mir nicht anders helfen kannst, als mit solchen Ratschlägen, dann geh lieber ins Haus zurück."

„Fein", sagte Willie. „Es ist recht gemütlich dort drinnen, mit zwei Frauen, die nicht mehr miteinander reden und mit mir auch nicht. Und du hast uns in diese Misere hineingeschrieben. Jetzt schreib uns gefälligst auch da wieder heraus."

„Ja, ja, ja, ich tue mein Bestes", gnaunzte Alf. Nervös nestelte er an seinen Wäscheklammern und versetzte sie an andere Stellen. Es folgte ein erneuter Schmerzensschrei, als Willie die Garage verließ. Wenn das so weiterging, mußte man bis morgen um Alfs Ohren fürchten.

„Ihr werdet diese Folge mögen", versprach Alf zwei Wochen später. Die Familie hatte sich um den Fernseher versammelt, um Alfs Wiedergutmachungsaktion zu prüfen, mit der er sich wirklich gequält hatte.

„Guten Morgen“, wünschte die Fernseh-Dorothy zum Frühstück und erntete eine erfreute Reaktion von ihrer Tochter, die glücklich darüber war, daß Mutter wieder mit ihr sprach. Die gerührten Tanners erlebten anschließend die Versöhnung der Daltons mit und hörten deren Besuch sagen: „Mütter und Töchter haben nun einmal öfter Konflikte, aber das ist ein Teil dieses wundervollen Lebens.“

Und die Tochter pflichtete ihr erfreut bei: „Ja, man sagt eben manchmal einige unfreundliche Dinge über jemand anderen, was aber nicht bedeutet, daß man diesen Jemand nicht trotzdem liebt.“

Ja, es herrschte wieder Friede bei den Daltons, was Alfs Manuskript zu verdanken war.

Auch bei den Tanners im Wohnzimmer schauten sich Mutter und Tochter zärtlich in die Augen, während die Fernseh-Dorothy nun ganz freundlich meinte: „So bist du mir auch nicht böse, wenn ich dir sage, was für ein undankbarer, egoistischer kleiner Landstreicher du bist.“

Tochter Dalton antwortete ebenso nett: „Was glaubst du eigentlich, mit wem du sprichst, du buckliger, großmäuliger Fraßnickel.“

Bei Tanners wandelte sich die Stimmung abrupt. Man starrte Alf an, böse, sehr böse. „Landstreicher“, wiederholte Kate langsam das Gehörte.

„Fraßnickel“, sagte Dorothy gefährlich leise und begann, näher zu Alf zu rücken.

Es war Gefahr im Verzug, wurde Alf klar. Seine neunzig Zentimeter gerieten in Panik, was sich in starkem Zittern ausdrückte.

„Sie haben mein Manuskript geändert", kreischte Alf. „Ich schwöre es. Tu nichts, was du später bereuen könntest, Großmama."

Alf dachte dabei entsetzt an Dorothys schon einmal geäußerte Absicht, aus ihm einen Pullover zu stricken.

Dorothy stoppte mitten in ihrer feindseligen Annäherung an Alf, weil Mr. Dalton auf dem Bildschirm gerade seine Ehefrau davon abhielt, einen Muttermord zu begehen, indem er ihr erklärte, daß diese es gar nicht wert sei, sich die Hände an ihr zu beschmutzen, worauf die verächtlich ausrief: „Ha, gestern, als du mein Schlafzimmer verlassen hast, hast du anders geredet."

Bei Tanners sah sich nun plötzlich Willie merkwürdig taxierenden Blicken ausgesetzt. Er spürte die Gedanken dahinter in unangenehmer Weise fast körperlich und schlug sich hektisch auf Alfs Seite: „Er hat doch gesagt, sie haben sein Manuskript umgeschrieben."

Kate sprang auf und schaltete energisch diese unsäglichen Daltons ab.

Dann schritt sie ebenso energisch auf Alf zu. Der Melmac kauerte sich in die letzte Ecke der Couch und war sichtlich mit den Nerven runter. Kates Augen sprühten Feuer, so daß Alf jetzt schon das Gefühl bekam, sein Fell sei in Brand geraten. Auch innerlich war ihm heiß geworden.

Alf rief der auf ihn zukommenden Gefahr entgegen: „Ich habe das nicht geschrieben. In meiner Story umarmen und küssen sie sich. Liebes Katilein, tu mir nichts. Ich bin doch viel kleiner als du!"

„Wo sind meine Koffer?" fragte Dorothy, die echte. Das rettete Alf, weil Kate sich nun ihrer Mutter zuwandte.

„Mam, ich möchte nicht, daß du gehst."

Sie zeigte auf Alf: „Er wird gehen."

Alf gluckste entsetzt. Aber er war auch tief gekränkt.

Alf wußte, daß ihn jetzt nur noch eines retten konnte: der Durchschlag seines Manuskripts. Er hetzte in die Garage hinüber und drückte seine Fassung anschließend Willie in die Hand, der ihm noch am ruhigsten erschien. Wenigstens hatte der bisher keine Anstalten gemacht, ihn zu bedrohen.

„Hier, bitte lies das, Willie." Alf sah ihn bettelnd an. Der Kleine war wirklich in einem mitleiderregenden Zustand. Deshalb überflog Willie auch kurz die Zeilen und kam dann zu dem Schluß: „Ich denke, Alf sagt die Wahrheit."

„Danke", hauchte Alf erleichtert.

„Ich packe meine Koffer", erklärte dagegen Dorothy kühl. „Wenn hier schon der Hausherr mit diesem Schmierfinken unter einer Decke steckt, ist meines Bleibens nicht länger."

Alf wieselte um Großmama herum und baute sich vor ihr auf, allerdings vorsichtshalber außer ihrer Reichweite. „Komm zurück. Du kannst mir wenigstens den Gefallen tun und lesen, was ich wirklich geschrieben habe."

Dorothy taxierte ihn wie eine Schlange ihre Beute. „Warum sollte ich dir wohl einen Gefallen tun? Dazu habe ich keinen Grund."

„Ich gebe dir einen Grund", versprach Alf und drückte Kate sein Manuskript in die Hand. Und einen Teil davon Dorothy. „Nun kommt schon. Blättert auf Seite achtzehn und lest es laut vor. Kate spielt Mrs. Dalton, Dorothy spielt Dorothy."

Erwartungsvoll schaute er von einer zur anderen.

Widerwillig begann Großmama, ihren Part zu übernehmen, und las: „Du hast recht. Es war falsch, euch mit mir zu belasten, aber ich konnte nicht anders. Es ist nicht einfach, alleine zu leben. Deshalb bin ich zu Estelle gezogen, so verrückt, wie sie ist. Aber sie war wenigstens jemand, mit dem ich reden konnte."

„Estelle hat dich gebeten auszuziehen, nicht wahr?" übernahm Kate ihre Rolle und sah nun ihre Mutter traurig nicken.

Alf merkte, daß sich die Stimmung zu seinen Gunsten entwickelte und unterbrach schnell: „Ich habe mit Estelle telefoniert. Genauso war es. Deshalb ist Großmama hierhergekommen. Sie wollte einfach nicht alleine sein. Übrigens, Estelle ist wirklich verrückt."

Dorothys Augen bekamen plötzlich einen feuchten Schimmer, und dann lagen sich Mutter und Tochter in den Armen. Alf beobachtete die Szene zufrieden und murmelte in sich hinein: „Das war knapp am Schlachtfest vorbei, Gordi, mein Guter."

Am nächsten Tag packte Dorothy jedoch tatsächlich ihre Koffer zur Abreise und erklärte Willie und Kate, daß sie zu dem Schluß gekommen sei, endlich ihr eigenes Leben führen zu müssen, worauf Kate wissen wollte:

„Hat Alf dir das eingeredet?"

„Nicht direkt. Aber so steht es in seinem neuesten Manuskript."

Willie rief Alf aus der Garage. Der Melmac erschien mit dem Kugelschreiber in einer Pfote und trug eine Nickelbrille und eine wichtige Dichtermiene zur Schau.

„Ich dachte, du wolltest das Schreiben aufgeben, nachdem die dein letztes Manuskript umgeändert hatten", fragte Willie neugierig. „Was hat denn deine Absicht geändert?"

Alfs Augen blitzten schlau. „Der Scheck ist gekommen", sagte er dann schlicht. „Und jetzt habe ich wieder zu tun."

Es war Alfs letzter Ausflug in die aufregende Welt des Fernsehens. Denn bald entdeckte er eine neue Leidenschaft, die ihn voll in Anspruch nahm, die Landwirtschaft. Alf grub Tanners Garten um und ging mit Feuereifer ans Werk. Aber die erste Ernte fiel danach recht dürftig aus, was Alf sehr verdroß.

Mißmutig saß der Melmac in der Küche und schnüffelte in Fachbüchern und Katalogen über die Kunst des Ackerbaus und deren Tücken.

Kate saß neben ihm und stellte eine Einkaufsliste zusammen.

Alf reckte seine Schnauze aus einem Katalog und sagte knapp: „Dünger."

„Was meinst du?"

„Schreib Dünger auf deine Liste", grummelte Alf. „Ich muß meine Karotten bestreuen."

„Nimm doch Butter, wie alle anderen normalen Leute", empfahl ihm Kate ernst und verbiß sich ein Lachen. Alf ging wirklich voll in seiner Aufgabe als Bauer auf. Und Brian half ihm nach Kräften.

„Ich werde vielleicht bald Baumwolle anpflanzen", überlegte Alf, „und im Winter Wolle."

„Wolle wächst nicht aus der Erde", belehrte ihn Kate. „Außerdem, wo willst du noch Baumwolle anbauen? Du hast doch schon unseren ganzen Garten in Beschlag genommen."

„Ich bin eben ein naturverbundener Melmac", faselte Alf. „Ich liebe die Sonne, die Erde und die Früchte der Natur frisch von der eigenen Scholle." Leiser meinte er: „Ich fresse für mein Leben gern das Ungeziefer."

Als Kate abends vom Einkaufen zurückkam, hängte Alf gerade den Telefonhörer auf die Gabel und eröffnete ihr erfreut, daß er dem Haushaltsetat gerade fünf Dollar gespart hatte, weil er Dünger en gros als ganze Lastwagenladung bestellt hatte.

„Und so, wie er kommt, wirst du ihn auch wieder zurückschicken", befahl ihm Kate entsetzt. „Für dein bißchen Gemüse brauchst du nicht in den Düngergroßhandel einsteigen."

Die Diskussion wurde nicht weiter fortgeführt, weil Brian mit einem Armvoll Feldfrüchte aus Alfs Zucht aus dem Garten hereinkam und sie auf den Tisch legte:

„Hier, Alf, ich muß mich noch um die Kürbisse kümmern."

„Ist das alles?" fragte Alf niedergeschlagen. Es war wirklich eine magere Ausbeute.

Brian zuckte mit den Schultern. „Wir bräuchten mehr Dünger."

Alf beäugte feindselig das verschrumpelte Gemüse und kommentierte sarkastisch: „Großartig. Die große Dürre 87."

Kate schaute ihm über die Schulter und meinte tröstend: „Na, zugegeben, es sind nicht viele, aber es sind doch perfekte Gewürzgurken."

„Aber Mam", berichtigte sie Lynn, die gerade hereingekommen war, „das sind doch Auberginen."

„Es ist Mais", stellte Alf traurig klar.

„Es ist wirklich sonderbar", grübelte Kate. „Nichts will hier wachsen. Aber wir haben genug Zucchini, um einen Supermarkt zu füllen."

Alf schaute sie geschmerzt an. „Es ist sonderbarer, als du denkst. Ich habe gar keine Zucchini angepflanzt."

Lynn streichelte ihm über seinen Haarschopf. „Mach

dir nichts draus, Alf. Es wird schon besser werden. Gartenbau ist eben schwieriger, als es anfangs aussieht."

„Es würde leichter sein, wenn Bob Barker nicht wäre", maulte Alf. „Er kommt jede Nacht in meinen Garten und gräbt meine Pflanzen aus."

Bob Barker war der Chihuahua-Hund, den sich die Ochmoneks zugelegt hatten. „Sind Chihuahuas schnell?" überlegte Alf und schlug seine Pranke mit einem tückischen Grinsen auf den Tisch.

Er wollte sich heute nacht in der Garage auf die Lauer legen. Und dann würde er Bob Barker in den Hundehimmel schicken.

Inzwischen rief Willie vom Büro aus an, um Kate zu erklären, daß er später nach Hause kommen würde, bekam aber Alf an den Apparat.

„Hast du eine kleine Freundin?" verdächtigte Alf ihn, bevor Kate das zweite Telefon abnahm und mit Willie sprach. Natürlich hörte Alf trotzdem weiter mit, wie Willie erläuterte, er hätte ein Problem mit einem vierzehnjährigen mexikanischen Jungen, der kein Englisch sprach, und dessen Vater er ausfindig machen wollte, bevor er ihn in einen Bus nach Mexiko setzte.

„Hey, Kate, du kaufst ihm diese alberne Geschichte doch nicht ab", rief Alf dazwischen, beeilte sich aber dann sehr, den Hörer aufzulegen, weil der Ton anschließend für ihn von zwei Seiten sehr bedrohlich wurde. Na gut, er mußte sich sowieso um Bob Barker kümmern. Und vorher wollte er sich mit Brian noch ein Basketballspiel im Fernseher anschauen.

Das war bereits in vollem Gange, als Willie nach Hause kam und Alf in die Küche jagte, was der nur unter unfeinen Ausdrücken mit sich geschehen ließ.

Der Grund war, daß Willie den Mexikanerjungen mit

nach Hause brachte, weil sie den Bus verpaßt hatten. Außerdem hatte er den Vater des Ausreißers immer noch nicht gefunden.

Der Junge hieß Luis Mancia und wurde für die Nacht auf der Wohnzimmercouch einquartiert, während Alf seinen Posten in der Garage bezog, um Bob Barker den Garaus zu machen.

Doch Luis wartete nur, bis er glaubte, daß alle im Haus schliefen. Dann stand er leise auf und schlich durch die Hintertüre hinaus. Die Außenbeleuchtung tauchte den Garten in ein sanftes Licht. Luis stutzte, als er die Gartenbeete sah und den armseligen Zustand von Alfs Anpflanzungen. Als Sohn eines Farmers tat ihm der Anblick in der Seele weh. Luis zögerte. Eigentlich hatte er sich davonmachen wollen. Jetzt überlegte er es sich anders. Er wollte wenigstens vorher noch in diesem schlaffen Garten Ordnung schaffen, soweit es möglich war. Er sah einen Eimer an einem Haken an der Garagenwand hängen und nahm ihn herunter. Dumpf schlug der Henkel gegen den Kübel.

In der Garage trieb es Alf in die Höhe. Er hatte das metallene Geräusch gehört. „Bob Barker", durchfuhr es Alf, sein Todfeind, der Gartenschänder.

Alf packte das Jagdfieber. Seine Stunde der Rache war gekommen. Er schnappte sich eine Harke und stürmte aus der Garage, ein Wutgeheul auf den Lippen: „Stirb, verfluchter Hund!"

„Großer Gott", entfuhr es dem armen Luis auf spanisch, als er dieses unheimliche Wesen, einem Rachegott gleich, auf sich zuwetzen sah, eine blitzende Waffe in der hocherhobenen Faust. Er stand da wie gelähmt.

Gerade noch rechtzeitig erkannte der rasende Alf, daß ihm Ochmoneks Chihuahua über Nacht über den

Kopf gewachsen war, und stoppte seinen Angriff verblüfft. Dann erst merkte er, daß er einen menschlichen Zweibeiner vor sich hatte. Beide musterten sich mißtrauisch, bis Alf sich darauf besann, daß er hier in seinen Gefilden jagte, während der andere offensichtlich ein fremder Eindringling war.

„Eh, was treibst du hier?" fragte er mit gebotener Vorsicht. Eindringlinge konnten immerhin recht gemein werden, wenn man sie ertappte, dachte Alf und war überrascht, als der andere ihm verschüchtert auf spanisch antwortete: „Bist du ein Teufel?" Luis bekreuzigte sich dreimal schnell.

Der andere hatte ganz schön die Hosen voll, erkannte Alf beruhigt. Spanisch war für einen Melmac seiner Intelligenz natürlich keinerlei Problem. Und so unterhielten sich die beiden die nächsten Minuten in Luis' Sprache und kamen sich dabei näher. Der Junge verstand eine ganze Menge von der Landwirtschaft, erfuhr Alf zu seiner Freude und vergaß Ochmoneks Köter und seine blutrünstigen Gelüste.

Von Alfs Geheul aber waren Willie und Kate aufgewacht. Voller Schreck sahen sie kurz darauf die leere Couch und liefen nach draußen, um den Jungen vielleicht doch noch zu finden. Und sie fanden ihn, einträchtig mit Alf im Garten arbeitend und sich auf spanisch unterhaltend. „Hier könnte mehr Dünger nicht schaden", stellte Luis gerade fest.

„Meine Rede", nickte Alf zufrieden. „Laß uns weitermachen. Vielleicht finden wir ein paar fette Blattläuse."

Am nächsten Nachmittag jäteten Luis, Alf und Brian Unkraut im Garten, der sich schon sehr zu seinem Vorteil verändert hatte. Aber Alf hatte inzwischen die Lust verloren und verlangte eine Pause, die ihm von den anderen beiden strikt verweigert wurde.

„Hey“, rief Alf, als Luis wieder rigoros ein ganzes Büschel Unkraut aus dem Boden riß und in den Abfall warf, und Brian es ihm nachtat, „das ist mein Spinat.“

Dann dachte er ernsthaft darüber nach, ob es nicht ein Regierungsprogramm gab, das dafür bezahlte, daß man nichts anbaute. Alf tat nämlich das Kreuz weh.

Drinnen deckte Kate inzwischen den Tisch fürs Abendessen und wurde von Lynn gefragt, wie lange sie noch Zucchini essen müßten.

„Du kannst dir welche mitnehmen, wenn du mal aufs College kommst“, lautete die wenig tröstliche Antwort.

Als Willie nach Hause kam, brachte er die Nachricht mit, daß er inzwischen den Vater von Luis gefunden hatte. Der Junge schaute dabei recht unglücklich drein, und Willie wußte, warum.

Sein Vater hatte früher eine Farm in Mexiko, arbeitete aber mittlerweile in einer Teppichfabrik in Riverside und war schon auf dem Weg zu Tanners, um seinen Sohn abzuholen.

Luis aber war ihm davongelaufen, weil er seine Heimat und seine Freunde dort vermißte und wieder nach Mexiko wollte, auch ohne seinen Vater. Bei Willies Nachricht bekam er einen regelrechten Wutanfall aus Verzweiflung. Luis war todunglücklich. Er sprach übrigens ganz gut englisch, hatte dies nur geschickt verborgen.

Das Hauptproblem des Mexikanerjungen war, daß er in Amerika einfach keinen Anschluß gefunden hatte und keine Freunde hier besaß. Alf erinnerte ihn daran, daß er jetzt sein Freund war und Luis ihn jederzeit besuchen konnte.

„Du vergißt, daß du mich mit einer Harke erschlagen wolltest“, meinte Luis dazu, worauf Alf zugab: „Na gut, es war ein rauher Anfang unserer Bekanntschaft, weil ich dich mit Ochmoneks Bob Barker verwechselt hatte. Aber nun ist die Sache doch anders zwischen uns. Gemeinsame Gartenarbeit verbindet. Du kannst hier vorbeikommen, wann du willst. Aber ruf vorher an. Wenn ich nicht abhebe, bin ich höchstens gerade unter der Dusche.“

Luis versprach daraufhin, es noch einmal bei seinem Vater in Riverside zu versuchen. Beim Abschied drückte ihm Willie eine große Tasche mit Zucchini in die Hand.

Danach wollte Willie noch mit Alf ein Hühnchen rupfen, der sich gerade bei einem Videospiel vergnügte. Er hatte nämlich seine gute neue Harke in einem sehr verbogenen Zustand gefunden und stellte Alf deshalb zur Rede.

„O ja“, entschuldigte sich Alf so nebenbei. „Das ist passiert, als ich meinen Garten umgrub. Ich bin dabei auf eine Wasserleitung gestoßen. Keine Angst, Willie, es war nicht unsere. Außerdem bin ich zu dem Schluß gekommen, daß die Gartenarbeit zu hart für mich ist.“

„Du willst es also aufgeben“, fragte Willie hoffnungsvoll, wegen der Zucchini.

„Sagen wir mal, ich steige auf eine andere Züchtung um“, tat Alf geheimnisvoll.

„Auf was?“ wollte Willie wissen.

Aus der Küche drang ein gellender Schrei von Kate.

„Regenwürmer“, sagte Alf.

Alf ging wieder einmal seiner Lieblingsbeschäftigung nach: auf der Couch sitzen und Unmengen von Eßbarem in sich hineinstopfen. Diesmal mußte eine Schachtel Pralinen dran glauben, die er in Willies Schrank aufgestöbert hatte. Da bald der Valentinstag bevorstand, war Alf außerdem dabei, Postkarten zu schreiben, an alle möglichen berühmten und weniger berühmten Leute, die er sich wahllos aus Starmagazinen und aus Telefonbüchern herausgesucht hatte. Und dann gab es für ihn noch einen weiteren Grund zum Feiern: Dorothy, Kates Mutter, zog endgültig aus. Sie hatte sich in der Nähe ein Appartement genommen. Den ganzen Tag über schon schleppten Willie und Kate schwitzend Dorothys noch hier befindlichen Möbel aus dem Haus.

„Schwer?" fragte Alf mit geheucheltem Interesse, als die beiden wieder mal eine Kiste an ihm vorbeischleppten.

Willie keuchte: „Nicht schwerer als die anderen, bei denen du uns auch ungerührt zugesehen hast."

Alf überging diese Spitze geflissentlich und fragte Willie ungeniert: „Dann hast du also keine Zeit, um meine Briefmarken abzulecken?"

„Strengt dich das so sehr an", höhnte Willie zurück.

„Das nicht. Aber ich habe gerade einen so schönen Schokoladengeschmack auf der Zunge. Den möchte ich nicht verlieren."

Willie schaute näher hin. Plötzlich kam ihm die leere Pralinenschachtel sehr bekannt vor. Wütend wandte er sich an Alf: „Du egoistisches, verfressenes Biest. Wo sind die Pralinen, die ich Kate zum Valentinstag schenken wollte?"

„O mein Schatz, das ist aber wirklich lieb von dir", freute sich Kate.

Doch Willie schien alles andere als begeistert zu sein. Erbost starrte er Alf an.

Alf beteuerte, daß es ihm leid tue, und wandte sich wieder eifrig seiner Post zu. Für ihn war die Sache erledigt.

Nicht so für Willie, der nun anhob, ihm einen geharnischten Vortrag über das Recht eines jeden an Eigentum zu halten.

Alf aber unterbrach ihn ungerührt: „Ich habe schon gesagt, daß es mir leid tut. Weinen bringt uns auch nicht weiter, Willie."

Kate konnte gerade noch verhindern, daß Willie dem unverschämten Melmac das Fell durchklopfte. Mutters Umzug war jetzt wichtiger, als sich auf sinnlose Diskussionen mit Alf einzulassen.

„Es wäre aber immerhin zu wünschen, daß Alf damit aufhört, zum Valentinstag Schinken an alle möglichen Leute zu verschicken", schimpfte Willie.

Er kannte Alfs Marotten. Tatsächlich hatte der gerade seine Schinken-Adressenliste zum Valentinstag in Arbeit. Und darauf standen neben Clint Eastwood, Frank Sinatra, Sammy Davis junior, Joan Collins und vielen anderen Stars und Sternchen auch ein gewisser Mr. Reagan.

„Shrimps kann jeder Trottel verschicken", war Alfs trockene Antwort. Wenn Willie doch nur mal einsehen würde, daß er gegen ihn immer den kürzeren ziehen würde.

Das Geplänkel zwischen den beiden wurde durch Dorothys Auftauchen unterbrochen. Bei Alfs Anblick stellte sie sofort klar: „Für dich bin ich heute überhaupt nicht in Stimmung."

Und zu Kate gewandt, sagte sie: „Die Maler sind immer noch nicht mit meinem Appartement fertig. Jetzt muß ich noch einmal bei euch übernachten."

„Und wo bleibt die gute Nachricht?“ fragte Alf spitz.

„Schick dieses Ding in sein Zimmer“, forderte Dorothy von Kate, woraufhin Alf sie demonstrativ von seiner Schinken-Geschenkliste strich.

Aber er mußte dennoch in die Küche verschwinden, weil Dorothy Besuch mitgebracht hatte. Es war ihr neuer Nachbar, Whizzer Deaver, der sich angeboten hatte, ihr beim Umzug zu helfen. Nachdem man sich miteinander bekannt gemacht hatte, klemmte er sich eine Riesenumzugskiste unter die Arme und verabschiedete sich mit den Worten: „Wir sehen uns ja dann bei der Hochzeit.“

Kate und Willie sahen sich mit großen Augen an.

„Oh, der ist aber wirklich nett“, meinte Kate dann. „Wo hast du ihn kennengelernt?“

„Unter meiner Spüle“, erklärte Dorothy. „Er hat meinen Müllschlucker repariert. Seitdem funktioniert er nicht mehr!“

Zum Abendessen bei Tanners brachte Whizzer dann für Dorothy Blumen mit. Er war wirklich nett. Aber Dorothy behandelte ihn nicht gerade fein, wie Kate und Willie bemerkten. Die Blumen empfand sie als zudringlich, und als Whizzer bei ihrem Gepäck einen Instrumentenkasten sah und ins Schwärmen geriet, verbot ihm Dorothy zickig, das Musikinstrument auch nur anzufassen. Es gehöre schließlich ihrem verstorbenen Mann.

Bei Willie fiel nun der Groschen.

„Whizzer Deaver and the Whizztones“, rief er sichtlich aufgeregt aus. „Ja, natürlich, ihr habt in dem Club an der Juniper Street gespielt. Meine Güte, an unserem Tisch sitzt einer der besten Klarinettisten dieses Landes.“

Willie bekam vor Begeisterung glänzende Augen. „Ich würde viel dafür geben, Sie wieder spielen zu hören, Whizzer."

„Das läßt sich machen", lächelte Whizzer. „Das nächste Mal bringe ich meine Klarinette mit – und auch Dorothy, wenn sie Zeit hat. Dann machen wir eine ordentliche Jam-Session."

„Ich habe keine Zeit", sagte Dorothy schnell.

Willie und Kate sahen sich vielsagend an. Nur Whizzer schien nicht zu bemerken, wie eklig sich Dorothy ihm gegenüber benahm.

Am nächsten Tag wollte Willie den Toaster reparieren, der plötzlich seinen Geist aufgegeben hatte. Warum dem so war, wurde ihm klar, als er die Reste von Gewürzgurken zwischen den Heizdrähten entdeckte.

„Du?" fragte er Alf nun drohend.

Der wehrte dankend ab. „Nein, ich bin nicht hungrig."

„Ich meinte, ob du das warst", ächzte Willie.

„Ja", sagte Alf und guckte ihn unschuldig an.

In dem Moment kam Kate mit mehreren Paketen herein. Alfs Schinkensendungen zum Valentinstag waren zurückgekommen, wegen fehlender Frankierung.

Alf starrte auf die Schinkenpakete. „Wieviel Porto kostet es in diesem verdammten Land, ein paar Schinken zu verschicken?"

„Mehr jedenfalls, als du frankiert hast", meinte Kate ironisch.

„Auf Melmac sind Fisch- und Schinkensendungen portofrei", ereiferte sich Alf gerade, als Dorothy zur Tür hereinkam.

Sie grüßte die Anwesenden, Alf übersah sie einfach.

Kate ergriff die Gelegenheit, um Dorothy vorsichtig

darauf anzusprechen, warum sie Whizzer am Abend vorher so unwirsch behandelt hatte.

Ihre Mutter antwortete barsch, daß Whizzer zwar ein netter Mann, sie aber überhaupt nicht an einer Bindung interessiert sei. Und außerdem ginge das niemand etwas an.

Alf war da natürlich ganz anderer Meinung. „Du bist also einem Leichnam treu, Dorothy", sagte er in seiner direkten Art.

„Alf", wies Kate ihn entsetzt zurecht. „Wie kann man nur so taktlos sein."

Alf hatte da keine Schwierigkeiten: „Genauso ist es aber. Und ich bin nicht der einzige, der so denkt."

„Was meinst du damit?" fragte Dorothy scharf.

„Ich habe mit Sparky darüber gesprochen."

Dorothy starrte ihn an. „Du hast mit meinem verstorbenen Mann gesprochen? Du lügst."

„Ich glaube, ich habe bisher vergessen zu erwähnen, daß ich mit Verstorbenen Kontakt aufnehmen kann", erwiderte Alf bescheiden. „Jeder auf Melmac konnte das. Manchmal, wenn das Fernsehprogramm mies war, saßen wir nach dem Abendessen in einer Runde und plauderten mit den Verstorbenen."

„Du hast niemals mit Sparky gesprochen", erregte sich Dorothy, bis in ihr Innerstes aufgewühlt.

Doch Alfs weitere Ausführungen ließen sie erbleichen. Er wußte von Sparkys Lieblingsspeise, französischem Toast mit Bratensoße.

Kate bestritt energisch, daß Alf dies von ihr wußte.

Alf aber setzte dem Ganzen noch eins drauf: „Sparky hat mir auch erzählt, daß er Dorothy immer Dodo nannte. Außerdem soll ich dir ausrichten, daß er seine Beerdigung für sehr geschmackvoll hielt."

„Das ist nicht mehr komisch, Alf", drohte Kate ernst. Zu ihrer Überraschung aber schlug sich Dorothy auf Alfs Seite und bat ihn, sie mit Sparky sprechen zu lassen, noch am heutigen Abend.

Alf murmelte, nichts garantieren zu können wegen zu schlechter Luft hier auf der Erde. Aber er hatte sich schon zu weit vorgewagt. Nun konnte er nicht mehr zurück. Für den Abend wurde eine Séance angesetzt – außer das Fernsehprogramm würde wider Erwarten mal interessant sein.

Den ganzen Nachmittag über richtete Alf das Wohnzimmer für die Séance her. Ein umgestülptes, leeres Goldfischglas sollte die silberne Zauberkugel sein und ihm dazu dienen, sich in Trance zu versetzen. Den Goldfisch hatte er in die Toilette befördert und einen Zettel an der Tür befestigt, mit der Bitte, die Spülung nicht zu bedienen. Er selbst hatte sich ein Handtuch als Turban um den Kopf gewickelt, und zwei riesige Ringe baumelten ihm von den Ohren herab. Dazu hatte er eine silberne Bluse von Kate angezogen.

Es wurde Abend, und Willie, Dorothy, Lynn und Kate fanden sich ein – nicht ohne sich über Alfs Aussehen zu mokieren. Alle wurden von Alf an den Tisch gebeten. „Wo ist Brian?" fragte Kate.

In diesem Moment hörte man, wie in der Toilette die Wasserspülung betätigt wurde.

„Kein allzu großes Opfer, nicht – um mit dem Jenseits Kontakt aufzunehmen?" Alf ließ keine Diskussion mehr aufkommen.

Die Fensterläden klapperten plötzlich leise im Wind. Willie mußte das Licht ausdrehen. Eine Kerze in der Mitte des Tisches flackerte und warf bizarre Schatten auf die Gesichter. Alf war bereit für den Kontakt mit dem Jenseits. Er gab nur noch eine Verhaltensmaßregel an die Teilnehmer aus und erklärte: „Der einzige, der Fragen stellen darf, bin ich bei dieser Sitzung. Ist das klar?!"

„Warum nur du?" wollte Willie prompt wissen und wurde von Alf zurechtgewiesen.

„So, nun nehmt euch bei den Händen", fuhr Alf fort. „Ich versetze mich jetzt in Trance."

Die Teilnehmer mußten die Augen schließen, nachdem sie sich bei den Händen gefaßt und den spiritistischen Kreis gebildet hatten.

Alf versetzte sich in Trance. Nach einer Weile vernahmen sie seltsame Geräusche, die einem Rülpsen verdammt ähnlich klangen. Dann hörten sie Alf mit dumpfer Stimme Sparky rufen.

Plötzlich antwortete eine Stimme, die von sehr weit her zu kommen schien.

„Gordon, bist du das?"

Dorothy nahm aufgeregt die Hände links und rechts neben sich fester in ihre. „Ich kann es nicht glauben", flüsterte sie. „Das klingt wie Sparky."

„Sparky", sagte Alf, „ich sitze hier neben deiner Witwe."

„Meine kleine Dodo", kam es von irgendwoher zurück. Dorothy konnte sich nicht mehr zurückhalten.

„Sparky, Sparky, bist du es wirklich?" rief sie.

„Ruhe!" gebot Alf. „Wir wollen den Verblichenen zu Wort kommen lassen. Sparky, sprich zu deiner Dorothy. Gib uns ein Zeichen."

Die Anwesenden hörten ein Geräusch, als wenn die Kugel alle neune auf einer Kegelbahn getroffen hätte. Es klang schaurig durch die Stille.

„Er ließ den einen außen stehen", murmelte Alf in

sich hinein, was Gott sei Dank keiner der Anwesenden verstand.

Nur Dorothy rief aufgeregt: „Das ist Sparky! Er hat immer den Kegel rechts außen stehen lassen."

„Mam, laß uns keine übereilten Schlüsse ziehen", bat Kate neben ihr, der leichte Schauer über den Rücken liefen.

Aber da meldete sich Sparky bereits wieder: „Dodo, wenn du einen Mann treffen solltest, der dir gefällt, dann nur zu."

„O Sparky", flüsterte Dorothy ergriffen. „Ich weiß gar nicht, was ich sagen soll!" Sparkys Stimme war plötzlich nicht mehr verständlich, ging über in ein Geräusch, das klang, als würde ein Tonband schnell zurückgespult.

„Was bedeutet das", fragte Dorothy verwirrt.

„Das bedeutet, daß die Séance vorbei ist", entschied Alf hastig. „Ihr könnt das Licht wieder anmachen. Keine Fragen bitte. Ich befinde mich noch in Trance."

Aber Willie war mißtrauisch geworden. Während Kate das Licht anknipste, drohte er Alf: „Du wirst gleich im Koma liegen, wenn ich mit dem, was ich glaube, recht behalte."

Willie hob die Tischdecke hoch und entdeckte darunter seinen neuen Kassettenrecorder.

Alf wurde es sehr heiß unter seinem Turban.

„Warte, ich kann das erklären", versuchte er einer Reaktion Willies zuvorzukommen.

„So, kannst du das? Du bist ein Betrüger, ein falscher Fuffziger!" polterte dieser und wollte auf Alf losgehen. Kate ging dazwischen. Sie deutete schweigend und mit einem verzweifelten Blick auf ein dunkles Etwas, das sich auf dem Tisch befand. Besser gesagt: im Tisch. Alf hatte aus dem neuen Wohnzimmertisch ein ziemlich großes Loch herausgesägt, um ein Blitzgerät darin zu verstauen. Dadurch sollte das Auftauchen Sparkys die richtige Atmosphäre erhalten.

Kate hielt es nun für angebracht, Brian und Lynn hinauszuschicken. Sie kündigte an, daß gleich hier jemand vereidigt werden würde, um die Wahrheit aus ihm herauszubringen.

Dorothy aber zeigte Alf demonstrativ eine Schnur von den Fensterrollos und fauchte ihn an: „So, du kleines Ungeheuer. Siehst du diese Schnur? Die ist echt, im Gegensatz zu deinem Budenzauber hier. Aber bevor ich dir damit die Luft abschnüre, will ich wissen, woher du diese Details aus meinem Leben gekannt hast."

„Versprichst du mir, daß du mich nicht schlägst", wollte Alf sichergehen.

Als Dorothy nickte, erklärte ihr Alf: „Ich habe deine Sachen durchgesehen, Briefe und so weiter. Ich dachte, die Séance würde es dir leichter machen, mit Whizzer zusammenzugehen."

„Whizzer, Whizzer", schrie Dorothy wütend. „Ich kann den Namen nicht mehr hören. Und ich brauche niemanden, der sich in mein Leben einmischt! Verstanden! Und wenn irgend jemand von euch Zeit hat, kann er mich in mein Appartement fahren."

Damit stürmte sie aus dem Zimmer. Im Vorbeigehen zischte sie Alf noch zu: „Du sitzt tief in der Tinte, mein Lieber!"

„Du hättest für dein Geld ruhig einen besseren Recorder kaufen können", maulte Alf und sah Willie vorwurfsvoll an. „Einen, der nicht gleich beim ersten Gebrauch Bandsalat produziert."

„War ein Sonderangebot", knurrte Willie nur und verließ wütend das Zimmer.

Später, als Dorothy in ihrem Appartement gerade ihre Kisten und Kartons auspacken wollte, läutete es an der Tür. Neugierig ging sie zur Tür, vor der ein Gepäckbote mit einer großen Schachtel stand. Verwirrt, weil sie nichts bestellt hatte, unterschrieb Dorothy die Empfangsbestätigung. Als sie drinnen den Deckel abnahm, stand Alf da und rieb sich den Rücken.

„Was für eine ungemütliche Beförderung", maulte er. „Jetzt weiß ich wenigstens, wie elend sich mein Schinken fühlen muß, den ich verschicke."

„Hau ab", war alles, was Dorothy sagte.

Alf kletterte dessenungeachtet aus der Schachtel.

„Dorothy, bitte, ich gebe zu, daß die Séance ein gemeiner Trick war. Aber ich habe das nur getan, um dir zu helfen."

„Danke", zischte Dorothy. „Du hast Glück, daß ich die Messer noch nicht ausgepackt habe. Aber sie müssen hier irgendwo sein."

Sie begann eifrig die Taschen zu durchwühlen.

„Hey, sachte, sachte", bremste Alf, denn Dorothy sah sehr entschlossen aus, die Messer auch zu benützen, sobald sie diese gefunden hatte. „Ich weiß, wie du dich nach Sparkys Tod gefühlt und was du für ihn empfunden hast. Es ist sicher schwer, jemanden zu verlieren, den man geliebt hat. Ich weiß das. Ich habe schließlich meine ganze Welt verloren. Aber eines Tages muß man auch wieder mal eine Seite weiterblättern. Das Leben geht weiter."

Alfs Worte machten Eindruck auf Dorothy, aber sie wollte das nicht zugeben. Deshalb funkelte sie Alf weiterhin böse an. „Du bist im falschen Spiel, mein Lieber! Versuch das nicht mit mir."

Alf durchschaute sie und meinte: „Ich habe wohl einen Nerv getroffen. Du bist ganz schön damit beschäftigt, deine Schutzmauer nicht einstürzen zu lassen."

Aber Dorothy gab nicht klein bei. Sie empfahl Alf dringend, sich zu verdünnisieren. Alf stieg kopfschüttelnd in seine Schachtel zurück. Dorothy stülpte den Deckel wieder darauf und ging dann zur Tür, weil es erneut geläutet hatte.

Es war Whizzer mit einem kleinen Päckchen.

„Keine Angst, es ist nichts Romantisches. Du hast nur deine Messer im Auto vergessen."

Alf schluckte in seiner Schachtel mehrmals kräftig. Überrascht hörte er dann, wie Dorothy Whizzer hereinbat, der sich schon hatte verabschieden wollen.

Whizzer war nicht weniger überrascht.

„Wobei soll ich dir helfen?" fragte er. Er deutete auf die Schachtel mit Alf darin. „Was ist das? Soll ich die für dich irgendwo hinbringen?"

Dorothy schüttelte den Kopf. „Du mußt mir nicht helfen. Ich wollte einfach nur, daß du einen Augenblick hereinkommst. Und in der Schachtel ist nur ein alter Pelz."

Alf grollte leise.

„Ein räudiger alter Pelz", setzte Dorothy noch einen drauf. „Vielleicht lasse ich mir einen Hut oder Handschuhe draus machen."

Alf schüttelte es in seiner Schachtel durch. Das traute er dem alten Drachen durchaus zu.

Whizzer wußte nicht so recht, was er von der ganzen Sache hier halten sollte. Er schaute verlegen auf die Uhr. „Die eine Minute, die du mich sehen wolltest, ist um."

„Es tut mir leid, daß ich so abweisend zu dir war, Whizzer", sagte Dorothy dann unvermittelt. „Ich mag dich, Whizzer. Das wollte ich dir sagen."

Sie kramte nach dem Klarinettenkasten und gab ihn

ihm. „Nimm ihn. Ich habe keine Verwendung mehr dafür."

Alf schwitzte langsam in seiner Schachtel. Und es wurde nicht gerade weniger, als er mitbekam, daß Dorothy und Whizzer sich anschickten, in ein Restaurant zu gehen. Tatsächlich hörte er sie kurz darauf das Haus verlassen. Dann kamen Schritte zurück, und er hörte Dorothy sagen, offensichtlich an ihn gerichtet: „Gute Nacht und danke für die Unterstützung."

Kurz darauf erhielt Kate einen Anruf von Dorothy. Willie saß im Sessel und las Zeitung. Als er mitbekam, wie Kate sich offensichtlich über etwas freute, fragte er neugierig, was denn los sei. Kate lächelte.

„Mam ist mit Whizzer ausgegangen", sagte sie. „Sie sind beim Bowling."

„Ist ja toll", staunte Willie. „Was hat ihren Stimmungsumschwung denn bewirkt?"

„Sie sagte: Alf!"

„Alf?" echote Willie. „Da fällt mir auf, daß ich ihn den ganzen Abend noch nicht gesehen habe."

„Wahrscheinlich ist er in der Garage und versucht, Kontakt mit Brians Goldfisch zu kriegen", vermutete Kate. „Mutter hat gesagt, wir sollen uns bei ihm in ihrem Namen bedanken."

In dem Augenblick läutete es an der Tür. Draußen stand ein Bote mit einer großen, offensichtlich nicht leichten Schachtel. „Bitte den Empfang bestätigen", keuchte er und ließ die Schachtel auf die Stufen fallen.

Die erstaunten Tanners vernahmen ein seltsames Geräusch, das klang, als hätte man einer Katze auf den Schwanz getreten . . .

Eines Nachts, als Willie sich noch ein Glas Milch holen wollte, ließen ihn merkwürdige Geräusche aus Alfs Zimmer stutzen. Willie öffnete leise die Tür, um nach Alf zu sehen, und fand ihn im Stehen schlafend, den Kopf gänzlich unter einem Pappkarton versteckt. Die merkwürdigen Laute entpuppten sich als nichts anderes als Alfs Schnarchtöne.

Besorgt zog Willie Alf den Karton vom Kopf und rüttelte ihn wach. Alf schaute verwirrt um sich, bis er Willie erkannte.

„Was treibst du denn da?“ wollte Willie wissen. „Seit wann schläfst du im Stehen?“

„Seit ich die Schachtel auf dem Kopf trage“, antwortete Alf, als wäre dies ganz normal.

Willie dagegen meinte, daß sei mehr als lächerlich.

„Nun, nicht jeder schläft wie du mit offenem Mund und sabbert auf das Kopfkissen“, konterte Alf.

Willie wunderte sich, woher er überhaupt wußte, wie er beim Schlafen aussah.

„Ich gehe nachts in euer Schlafzimmer und beobachte Kate und dich.“

Gerade als Willie sich näher über Alfs neueste Unart auslassen wollte, wurde daraus nur ein lauter Schmerzensschrei.

„Aaahhh!“ Willie war in einen Reißnagel getreten.

„Gut, es funktioniert.“ Alf schien sehr zufrieden zu sein.

Und dann sah Willie, daß Alf überall auf dem Boden Reißnägel verstreut hatte. Auf seine verdutzte Frage nach dem Sinn von all dem erklärte ihm Alf, daß dies sein Alarmsystem gegen Einbrecher sei.

Willie nahm sich fest vor, etwas gegen diese seltsamen Anwandlungen von Alf zu unternehmen.

Schließlich fiel ihm sein Freund Larry ein. Der war Psychiater und unterlag der ärztlichen Schweigepflicht. Aber Willie konnte sich nicht so recht mit dem Gedanken anfreunden, Alf regelrecht untersuchen zu lassen. Er wollte erst darüber nachdenken.

Willie war noch nicht eingeschlafen, als die Tür aufging und Alf hereinkam, eine Banane in der Pfote. Willie richtete sich auf und starrte ihn an.

„Oh, tut mir leid", entschuldigte sich Alf. „Ich dachte, ihr schlaft schon." Dann verschwand er wieder.

Willie beschloß nun endgültig, daß es nicht schaden konnte, Larry aufzusuchen.

Am nächsten Tag saß er Larry in dessen Praxis gegenüber und kam vorsichtig zum Thema, nachdem er lange um den heißen Brei herumgeredet hatte.

„Hast du Probleme zu Hause?" wollte Larry wissen, weil ihm nicht klar war, worauf Willie eigentlich hinauswollte.

„Nicht mehr als andere auch . . ., äh . . ., das heißt . . ., nun ja, bei uns lebt ein Wesen aus dem Weltraum."

Jetzt war es heraus. Larry bog sich vor Lachen und schaute Willie skeptisch an. Natürlich hatte Willie Larrys Reaktion vorausgesehen. Deshalb zeigte er ihm nun ein Foto von Alf. Während Larry konsterniert darauf starrte, verspürte Willie das Bedürfnis, einige Erklärungen zu Alf machen zu müssen.

„Weißt du, ich sollte eigentlich glücklich sein, einen Außerirdischen bei mir zu haben. Davon hat seit Jahrzehnten die Wissenschaft geträumt. Und mir fällt so etwas aufs Garagendach. Aber glaube mir, es hat seine Nachteile. Gewiß, er hat auch seine guten Seiten, aber in letzter Zeit . . . Innerhalb einer Minute weiht er dich in die Geheimnisse der Galaxie ein und legt dir dann

Gummivulkane aufs Kopfkissen. Ich weiß nicht mehr weiter, Larry. Was soll ich tun?"

Larry starrte immer noch auf das Foto. Das war ein Ding. „Wann soll ich kommen?" fragte er.

Während Kate vor dem Abendessen wieder eine Gummifliege in ihrem Eiskübel fand, bereitete Willie Alf behutsam auf Larrys Besuch vor. Vor allem darauf, daß Larry extra kam, um ihn zu sehen.

Alf verstand alles völlig falsch.

„Ich verstehe", rief er vorwurfsvoll, „du hast mich an die Kerle von der Anti-Außerirdischen-Truppe verraten."

Er zitterte vor Angst am ganzen behaarten Körper. Als ihm Willie erklärte, daß es sich bei Larry um einen harmlosen Psychiater handelte, beruhigte sich der Melmac langsam.

Angesichts der Tatsache, daß Alf nun das erste Mal offiziell in Kontakt mit einem Nicht-Familienmitglied kommen sollte, gab Brian grinsend noch ein paar Verhaltensregeln zum besten: „Du wirst heute beim Essen den Mund zumachen müssen. Sonst erweckst du einen schlechten Eindruck."

Alf entgegnete trocken, dies gelte auf Melmac als unhöflich, weil es so aussähe, als würde man etwas verbergen.

Endlich läutete Larry, und mit einem Schlag bekam es Alf plötzlich wieder mit der Angst zu tun. Es packte ihn regelrecht das Grauen.

„Laß ihn nicht herein, Willie", bettelte er. „Er wird mich unter ein Mikroskop stecken und analysieren. Vielleicht stellt er mir sogar Fragen über meine Kindheit."

Sie mußten Alf erneut beruhigen, bevor sie Larry hereinließen. Und dann war Alf plötzlich ganz ruhig. Er würde es nicht dazu kommen lassen, daß dieser Larry ihn für den Deppen in dieser Familie hielt.

„Oh, mein Gott“, begrüßte Larry Alf. „Ich nehme an, du bist der Außerirdische.“

„Um das zu merken, dazu gehört nicht viel“, dachte Alf, aber er entgegnete nur: „Tag, Larry. Netten festen Händedruck habe ich, nicht? Gutes Zeichen, oder?“

Larry lächelte unsicher.

„Warte, bis du ihn essen siehst“, raunte Willie seinem Freund zu. „Dann weißt du, was ich meine.“

„Entschuldigung. Würde mir bitte jemand die Kartoffeln reichen.“

Der Satz kam tatsächlich von Alf. Die Tanners starrten ihn fassungslos an.

„Ich habe einen gesunden Appetit“, wandte sich Alf an Larry. „Ich denke, daran ist nichts Falsches.“

„Nicht, daß ich wüßte“, bestätigte ihm Larry.

Alf rülpste.

„Oh, entschuldige, Larry. Wie konnte ich! Wo sind nur meine Manieren?“

„Du hast keine Manieren“, stellte Willie sachlich fest.

Alf ignorierte ihn einfach. Er begann hingegen, mit Larry eine politische Diskussion anzufangen, bis Willie schließlich der Kragen platzte.

„Entschuldige, Larry. Aber normalerweise diskutieren wir bei Tisch darüber, welche Gegenstände Alf zerschlagen hat. Ich will dir damit nur den Hinweis geben, daß er sich sonst ganz anders benimmt.“

„Oh, wie denn?“ fragte Alf höflich.

Willie blieb die Antwort nicht schuldig: „Allgemein machst du ganz eklige Dinge. Los, zeig Larry welche.“

Brian klatschte vor Vergnügen in die Hände. „Ja, Alf, zeig ihm, wie du Milch durch die Nase laufen lassen kannst."

„Darf ich Ihnen noch etwas Kartoffeln reichen", kam es statt dessen von Alf an Larrys Adresse.

Willie drehte fast durch. „Larry macht sich nichts aus Kartoffeln. Los, zeig ihm deinen saublöden Vulkan."

„Willie, wir sind hier bei Tisch", wies ihn Alf kühl zurecht. „Und bitte, laß diese Ausdrücke. Die Kinder sind noch da."

Larry überraschte alle mit einem Vorschlag. Er wollte, daß Willie und Alf ab sofort die Rollen tauschten, damit er sich ein klareres Bild machen konnte. Alf sollte sich wie Willie benehmen und umgekehrt. Nach einigem Sträuben willigte Willie schließlich ein.

Er grabschte gierig nach allem Eßbaren und schrie wie im Fieber: „Ha, Fressen, gebt mir Fressen." Dazu lachte er dröhnend.

Alf konterte als Willie: „Nein, Alf! Kein Fressen! Du hast erst letzten Monat etwas bekommen."

Willie wehrte sich als Willie gegen diese Unterstellung und wollte den Tisch verlassen. Aber Larry brachte ihn dazu, seine Rolle als Alf weiterzuspielen.

Willie rülpste und meinte träge: „Ich werde ein bißchen in die Röhre gucken, während ihr abwascht."

„Ich denke, in diesem Haus wird viel zuviel ferngesehen", antwortete Alf streng. „Wir sollten mehr andere Dinge tun. Laßt uns Verben konjugieren oder Proust lesen oder . . ."

Er fing sich einen giftigen Blick von Willie ein, der nun als Alf den Kopf schüttelte: „Nein, nein! Aber was ist mit Porzellan zerdeppern. Oder wie wäre es, wenn wir die Katze fräßen?" Dabei zitterte Willie und setzte einen gierigen Blick auf. Das hatte er Alf gut abgeschaut. Er war fast genausogut wie der Melmac.

„Moment“, erwiderte Alf als Willie. „Regel Nummer 856, Abschnitt D, Paragraph 2 lautet: Wir essen keine Katzen!“

„Ich bin für Anarchie“, kreischte Willie alias Alf.

Der Melmac setzte eine ernste Miene auf und belehrte als Willie: „Ich glaube nicht an Anarchie. Sie ist zu spontan ...“ Er schaute auf die Uhr. „Oh, so spät ist es schon, und ich muß mir noch meine Kleider für den Rest des Jahres zurechtlegen.“

Das saß! Willie wurde wieder er selbst. Er sprang auf und schrie: „Das reicht! Das hat nichts mehr mit unserem Rollenspiel zu tun. Jetzt gehe ich wirklich.“

„Ich habe gewonnen“, stellte Alf zufrieden fest.

„Setz dich ruhig wieder hin, Willie“, beruhigte ihn Larry. „Ich habe genug gesehen. Das beste ist, Alf zieht hier aus.“

„Ausziehen?“ Willie glaubte, sich verhört zu haben. Auch die anderen, Kate, Lynn und Brian, erregten sich über diesen Vorschlag.

„Du kannst zu mir ziehen“, schlug Larry Alf vor. „Du bekommst ein komfortables eigenes Zimmer.“

„Alf, du gehst nirgendwohin“, rief Willie. Es klang fast flehentlich. Als Larry ihn fragte, warum Alf nirgendwohin gehen sollte, suchte Willie krampfhaft nach einer Erklärung: „Weil ... nun, weil ihn jemand sehen könnte.“

„Was kümmert es dich?“ fragte Larry hinterhältig.

Willie fiel darauf rein. Es brach aus ihm heraus: „Ich will nicht, daß ihm etwas passiert. Ich mache mir Sorgen um ihn, verstehst du. Und ich denke, daß sich Alf auch Sorgen um mich, um uns alle macht.“

„Natürlich“, rief Alf. „Wie sollte ich mir keine Sorgen machen, um die Leute, die mich all die Monate beschützt und für mich gesorgt haben."

„Du weißt das zu würdigen?" Willie war nun doch verblüfft.

„Natürlich", nickte Alf. „Und wenn du ein Problem hast, sprich mit mir darüber. Und wenn dir mein Vulkan nicht gefällt, vergesse ich ihn."

In Willies Stimme klang echte Rührung durch, als er sagte: „Das ist nett von dir, Alf. Ich werde in Zukunft auch darauf achten, daß ich etwas flexibler werde."

Larry lehnte sich zurück und meinte genüßlich: „Was so ein kleines Rollenspiel doch ausmacht."

„Gut, ich denke, wir sind uns heute abend alle ein bißchen nähergekommen", begriff Alf, was Larry meinte. „Das sollten wir mit einem Gläschen feiern."

„Ja, gute Idee." Alle nickten, und Lynn forderte Willie zu einem Trinkspruch auf.

Willie stand feierlich auf und erhob sein Glas: „Auf die Verständigung und auf . . ., uh . . ." Aus Willies Glas tröpfelte es. Natürlich steckte da Alf wieder dahinter. Aber Willie vollendete seinen Trinkspruch: „. . . und auf Alf . . . und seine Scherzartikel."

Später, in der Nacht, wachte Willie durch ein Geräusch auf und schlug die Augen auf. Neben seinem Bett stand Alf und beobachtete ihn.

Willie drehte sich auf die andere Seite und murmelte nur: „Gute Nacht, Alf."

„Gute Nacht, Willie", kam es zurück. Dann spürte Willie, wie er sorgfältig zugedeckt wurde. Er lächelte. Dann schlief er ein.

Willie kam völlig außer Atem von der Arbeit nach Hause.

„Kate, was ist passiert, um Himmels willen. Ich habe deine Nachricht bekommen."

„Ich habe keine Nachricht hinterlassen", erwiderte Kate erstaunt. „Du bist ja völlig außer dir."

Willie drehte sich zu Alf um, der mit verschränkten Armen auf der Couch saß.

„Hast du im Büro angerufen und gesagt, ich solle sofort nach Hause kommen, weil ein Notfall vorliegen würde?"

„Ich habe nicht gesagt *sofort*, sondern so bald wie möglich", stellte Alf richtig.

Willie schnaufte tief durch: „Und der Notfall?"

„Der Fernseher ist kaputt", sagte Alf schlicht.

Willie wußte nicht, ob er zuerst fassungslos und dann wütend werden sollte oder umgekehrt. Er entschied sich für beides gleichzeitig und drückte dies in einem einzigen Wort aus: „Was?" schrie er.

Alf blieb sachlich. „Der Ton ist zwar da, aber kein Bild. Ich vermute, die Bildröhre ist kaputt."

„Du treibst mich in Panik wegen einer kaputten Bildröhre?" Willie drehte fast durch.

„Ich gerate in Panik, weil der Fernseher kaputt ist", klärte ihn Alf trotzig auf. „Fernsehen ist meine Lebensader."

Als Willie ihm in Aussicht stellte, aus seiner Lebensader den Saft abzulassen, ahnte Alf, daß es vielleicht keine gute Idee gewesen war, in Willies Büro anzurufen.

Er wurde darin auch gleich bestätigt: Willie stellte fest, daß sowieso zuviel in dieser Familie ferngesehen werde. Er weigerte sich, den Apparat reparieren zu lassen. Er sah auch darin eine Chance, mal wieder ein gutes Buch zu lesen oder miteinander zu reden.

„Super", kommentierte Alf sarkastisch. „Willkommen im Prärie-Blockhaus."

Die fernsehlose Zeit begann. Doch sehr schnell schon wurden die Familienmitglieder von Alfs ständiger Präsenz und seinen bohrenden Fragen über das, was sie gerade taten, derart genervt, daß Willie schließlich doch klein beigab und beschloß, den verdammten Fernseher zur Reparatur in die Fabrik zu schicken. Ohne seine Glotze war Alf einfach noch unerträglicher als sonst.

Alf verstand nicht, warum Willie nicht einfach einen Reparaturdienst anrief.

Willie klärte ihn auf: „Weil ich noch eine Garantie auf den Apparat habe, und die Fabrik deshalb die Kosten übernimmt."

„Und wo ist diese Fabrik", wollte Alf wissen, weil ihn alles interessierte, was mit seinem geliebten Fernseher zusammenhing.

„In Libyen."

„Ist das in der Nähe von Bakersfield?"

„Eh, eher in der Nähe von Ägypten." Willie holte seine Garantiekarte und stutzte beim Durchlesen: „Oh, die Garantie gilt nur, wenn die Arbeit im Werk in Libyen ausgeführt wird. Aber ich sehe hier, daß ich dann die Frachtkosten übernehmen muß.."

„Tolle Garantie", spottete Alf. „Man sollte das Kleingedruckte lesen. Das sieht mir ganz nach einem Fall für Verbraucher-Ed aus."

„Wer?" rief Kate aus der Küche. Sie hatte das Gespräch verfolgt.

„Der Kerl im Fernsehen, der für Leute kämpft, die übers Ohr gehauen wurden. Letzte Woche half er einer Frau gegen einen Suppenhersteller, nachdem sie eine Maus in der Gemüsesuppe gefunden hatte."

„Alf", rief Kate angeekelt.

„Der Hersteller wollte ihr weismachen, daß es sich um eine gigantische Bohne handelte", fuhr Alf unbeirrt fort. „Schließlich stellte sich aber heraus, daß es ein Finger war."

Aus der Küche war ein Würgen zu hören.

„Was hast du?" rief Alf. „Ed hat dafür gesorgt, daß die Frau ein Jahr lang kostenlos Gemüsesuppe bekommt."

„Jetzt ist es genug, Alf", mahnte Willie, dem sich auch bereits der Magen umdrehte.

Lynn kam mit Brian herein, der mitten in den Vorbereitungen zu einem wissenschaftlichen Wettbewerb war und nun stolz ein Modell des Sonnensystems präsentierte. Alf schaute es nur kurz an und bemängelte, daß zwei Planeten fehlten.

„Laß mich raten", meinte Willie dazu ironisch: „Mikky und Donald?" Er selbst konnte keinen Fehler an Brians Modell entdecken.

Aber Alf meinte es ernst. „Sie heißen Dave und Alvin. Immerhin bin ich auf meinem Weg zur Erde beinahe gegen Alvin geknallt."

„Wo würden die denn in meinem Modell hingehören?" wollte Brian wissen.

Alf zeigte in die Nähe von Pluto.

Willie griff ein, weil er Alfs Erklärungen als schlechten Scherz empfand: „Wenn es Dave und Alvin wirklich gibt, dann hätte ich sicherlich schon etwas darüber gelesen."

„Du hättest es überlesen können", argumentierte Alf. „Schließlich hast du ja auch das Kleingedruckte auf deiner Garantiekarte übersehen."

Brian hatte mehr Vertrauen in Alf und fragte, ob er es

sinnvoll fände, Alvin und Dave bei seinem Modell anzufügen.

Willie war strikt dagegen und bekam sich darüber schwer mit Alf in die Haare. Er befürchtete, daß Brian in der Schule ausgelacht werden würde: „Selbst wenn es diese beiden Planeten wirklich gibt, was ich allerdings stark bezweifle, kennt sie doch kein Mensch."

„Selbst, wenn es wahr ist", äffte ihn Alf nach. „Nun reicht es. Ich gehe."

„Du gehst wohin?" wollte Willie wissen.

„Das weiß ich noch nicht. Aber wenn ich es tue, versuch nicht, mich davon abzuhalten."

Alf watschelte hocherhobenen Hauptes davon. Einen Melmac belehrte man nicht über das Sonnensystem. Willie zuckte mit den Schultern.

An nächsten Tag kam Brian völlig niedergeschlagen von der Schule nach Hause. Er traf Alf im Wohnzimmer an.

„Hallo, Brian, wie war es in der Schule?" fragte der Melmac.

Brian musterte Alf unfreundlich.

„Ich bin mit meinem Projekt durchgefallen und darf nicht an dem Wettbewerb teilnehmen."

„Du hättest Alvin und Dave dazutun sollen", meinte Alf mitfühlend. Doch damit traf er Brian voll auf den Nerv.

„Das habe ich getan, deshalb bin ich ja durchgefallen, und meine Freunde haben mich ausgelacht. Es ist alles deine Schuld. Du hast mich angelogen. Es gibt in Wirklichkeit gar keine elf Planeten."

Das saß. Alf wurde ganz hektisch. Nur weil Brians Lehrer Nachhilfeunterricht brauchte, glaubte sein bester Freund jetzt, er würde ihn anlügen. Alf war nun wirklich böse. Er versprach Brian, die Sache geradezubiegen. Aber Brian hörte ihm nicht mehr zu. Doch wer Alf kannte, wußte, daß er diese Schmach nicht auf sich sitzenlassen würde.

Am Abend, als Kate mit den Kindern ins Kino gegangen war, machte sich Willie daran, den Fernseher selbst zu reparieren. Er hob die Rückverkleidung ab und studierte den Schaltplan.

Alf guckte ihm interessiert zu. Schließlich arbeitete Willie hier an seiner Lebensader.

„Ich denke, du solltest dies einem qualifizierten Fachmann überlassen", riet er Willie auch deshalb. Er fürchtete, daß seine Lebensader unter Willies Händen vielleicht ganz versiegen könnte.

Willie griff nach einer Zange. „Nun, Mister Neunmalklug. Zu deiner Information. Ich habe das Problem erkannt. Es geht kein Strom in den Hochspannungstransformer."

Willie steckte seinen Kopf in den Fernseher und fingerte darin herum. Alf sah sich um. Er bemerkte, daß der Netzstecker nicht eingesteckt war. Dieser Willie war wirklich keine Leuchte, dachte sich Alf. Wie sollte Strom dasein, wenn das Kabel am Boden lag.

„Hey, brauchst du Strom?" fragte Alf und nahm das Kabel hoch.

„Würde schon helfen", kam es dumpf aus dem TV-Kasten zurück.

Alf drückte den Stecker in die Steckdose. Ein greller Blitz schoß durch den Fernseher, gefolgt von einer schwarzen Rauchfahne.

Gleichzeitig mit ihr gellte ein „Aaaahhh" durch den Raum. Dann erschien ruckartig Willies Gesicht, stark gezeichnet von Schreck und Ruß.

„Willie, es war ein Unfall", versuchte Alf die Sache schnell zu klären, weil Willies Ausdruck in den Augen befürchten ließ, daß dazu nur wenig Zeit bleiben könnte.

Willies Stimme überschlug sich: „Ein Unfall? Du bringst mich fast um und redest von einem Unfall?"

Alf zitterte. Er begab sich vorsichtig weiter aus Willies Reichweite, in dessen erhobener Faust die Zange recht bedrohlich wirkte. Unsicher sagte er: „Gut, sagen wir, es war ein Mißverständnis."

Die Türglocke rettete Alf vor einem weiteren Wutausbruch.

„Wahrscheinlich ist das Verbraucher-Ed, den ich angerufen habe", vermutete Alf.

Willie meinte: „Dies paßt sehr gut, dann gebe ich dich gleich mit. Das gibt doch eine Bombenstory für die Sechs-Uhr-Nachrichten."

„Uh", entsetzte sich Alf und lief in die Küche. „Ich habe den Ofen angelassen."

Doch es war nicht Ed, sondern Mrs. Lyman, die Rektorin von Brians Schule, die da vor der Tür stand. Willie fragte sich verwundert, was sie um diese Zeit hier wollte. Er bat sie neugierig herein und bot ihr einen Platz an.

Mrs. Lyman sah in Willies geschwärztes Gesicht: „Störe ich Sie bei etwas Wichtigem?" fragte sie höflich. „Ich habe vorhin einen Schrei gehört."

Willie erklärte ihr, daß er immer schrie, wenn der Fernseher kaputtginge, worauf Mrs. Lyman zur Sache kam.

„Ich bin hier wegen Ihrem Anruf bei Brians Klassenlehrerin. Da Sie ja nun gedroht haben, Ihren Sohn von der Schule zu nehmen, und in äußerst rüdem Ton die Kompetenz der Lehrkraft angezweifelt beziehungsweise sich geweigert haben, die beiden Extra-Planeten vom Modell Ihres Sohnes wieder zu entfernen, wollte ich mir doch persönlich mal ein Bild machen, was für eine Sorte Vater das arme Kind hat."

Willie verstand nur Bahnhof. „Die beiden Extra-Planeten?"

Mrs. Lyman schaute ihn seltsam an und nickte. „Ja, auf dem einen von den beiden haben Sie angehalten, um zur Toilette zu gehen – erzählte mir jedenfalls Brians Lehrerin."

In Willies Brummschädel dämmerte es langsam. Er entschuldigte sich für einen Augenblick und ging zu Alf in die Küche.

„Du hast Brian angestiftet, deine Planeten doch mit einzubauen. Was hast du dir dabei gedacht, hey?" kam er gleich auf den Punkt.

Alf wies darauf hin, daß Brian dies aus eigenem Antrieb gemacht habe und deshalb aus dem Wettbewerb genommen worden sei. Aber er, der alte Alf, habe das mit einem Anruf in der Schule wieder klargestellt.

„Großartig", fand Willie ärgerlich. „Und jetzt sitzt Brians Rektorin da draußen, und alles nur wegen deiner lächerlichen Geschichte."

„Lächerliche Geschichte?" Alf wollte sich das nicht bieten lassen. „Ich habe heute das Palomar-Observatorium angerufen. Dort weiß man nichts über den Planeten Alvin . . ."

„Das überrascht mich aber", höhnte Willie.

Doch Alf ließ sich nicht aus der Ruhe bringen: „Aber sie kennen Dave. Nur, daß sie ihn Chiron nennen."

„Objekt Kowal!" Bei Willie rastete im Gehirn etwas ein. „Meine Güte, Alf. Du hast recht. Ende der siebziger Jahre wurde im Raum ein Objekt entdeckt, das ursprünglich ‚Objekt Kowal' hieß, später Chiron. Die Astronomen glaubten, es könnte ein zehnter Planet sein, irgendwo hinter Pluto."

„Was heißt irgendwo", berichtigte ihn Alf. „Ich werde ihn dir genau zeigen." Er zog ein dickes Buch mit dem Titel „Rand-McNally Führer durch die Sterne" aus seiner Mappe. „Habe ich immer im Handschuhfach."

„Unglaublich", entfuhr es Willie. „Ein Führer durch die Galaxie!"

Alf schlug eine Karte auf und zeigte Willie, wo Dave und Alvin waren. Willie gab beschämt zu, daß er Alf eine Entschuldigung schuldete. Damit war zwar Alf rehabilitiert, aber wie sollte Willie nun Brians guten Ruf wiederherstellen? Er konnte Mrs. Lyman doch nicht einfach die Sternenkarte präsentieren, ohne zu erklären, woher er die hatte. Willie nahm eine schwere Bürde mit hinaus zu Mrs. Lyman.

Wider besseres Wissen erklärte er ihr, daß sich alles um ein großes Mißverständnis gehandelt habe. „Es tut mir leid, daß dies alles passiert ist. Aber vielleicht könnte man doch Brians Modell mit den beiden Planeten beim Wettbewerb vorstellen."

Mrs. Lyman lehnte ab, stellte dafür aber in Aussicht, daß Brian am Wettbewerb teilnehmen dürfe, wenn er die beiden Planeten entfernte.

„Ich, ich kann ihn nicht darum bitten, das zu tun", seufzte Willie, der keinen Ausweg aus diesem Dilemma fand.

Mrs. Lyman stand auf, um sich zu verabschieden. „Gut, dann kann ich meine Lehrkraft auch nicht darum bitten, ihre Meinung zu ändern."

Willie startete einen letzten Versuch an der Tür: „Bitte, Mrs. Lyman. Sie sind Pädagogin. Da muß doch in unserem System ein Raum für freies Denken sein. Ich meine, wo wären wir heute, wenn es nie Träumer gegeben hätte, wo wäre dann die Wissenschaft."

„Guten Abend, Mr. Tanner", wünschte ihm Mrs. Lyman kühl.

In diesem Augenblick kam Verbraucher-Ed mit einem Kamerateam.

Willie und auch Mrs. Lyman fühlten sich von ihnen zurück ins Wohnzimmer gedrängt, wo der Kameramann sofort zu filmen begann. Ed sah den angekohlten Fernseher und pflanzte sich davor auf, um mit der Einführung zu beginnen. Dies wiederum wurde von Mrs. Lyman mißverstanden, denn sie glaubte, Willie hätte das Fernsehteam wegen ihr angerufen.

„Es hätte es nicht gebraucht, die Medien in diesen Disput mit hineinzuziehen", ärgerte sie sich.

Ed war sofort bei ihr. „Ein Streit? Geben Sie uns Ihre Version, gnädige Frau."

„Da gibt es nichts zu sagen", wehrte Mrs. Lyman entsetzt ab.

Hinter ihr ging die Tür auf, und Kate kam mit den Kindern herein.

„Willie, was, um Himmels willen, ist hier los?"

Willie stöhnte. „Die Herren wollten gerade gehen."

„Ihre Familie?" überging Ed die Aufforderung. Und Willie hatte in dem Moment eine zündende Idee.

„Das ist Verbraucher-Ed", stellte er den Fernsehmann vor. „Und er ist wegen Brians Extra-Planeten hier."

„Welche Extra-Planeten?" Nun blickte Ed zwar nicht mehr durch, aber es hörte sich ganz interessant an.

Mrs. Lyman warf Willie einen giftigen Blick zu. „Die Planeten, von denen sein Sohn glaubt, daß sie existieren."

„Sie existieren!“ blieb Willie nun hart. „Wer will denn beweisen, daß sie es nicht tun?“

Ed gab seinem Kameramann die nötigen Anweisungen: „Sid, volles Rohr auf den Jungen hier. Das scheint mir ein Stoff von großem menschlichen Interesse zu sein. Fahren Sie fort, Mr. Tanner.“

„Nun, Brian begann ein Projekt für einen wissenschaftlichen Wettbewerb, aber die Schule will ihn nicht daran teilnehmen lassen, außer ...“

Er hörte sich von Mrs. Lyman unterbrochen, die schnell eingriff: „Außer mit einer angemessenen Würdigung der Vorstellungskraft von Brian Tanner.“

„Entschuldigung“, war Willie platt. Aber jetzt hatte die Schulrektorin bereits die Kamera in Beschlag genommen und plapperte hinein: „Und ich möchte sagen, daß es das freie Denken ist, das unseren Wettbewerb ausmacht. Brians Projekt nicht vorzustellen wäre engstirnig.“

Tage später saß die ganze Familie um den Fernseher herum, ein neues Gerät, das Verbraucher-Ed besorgt hatte. Allerdings hatte es dazu eines langen Gesprächs mit der Fabrik in Libyen bedurft, das, wie Willie gerade ärgerlich feststellte, dreihundert Dollar gekostet hatte. Soviel war nicht einmal für seinen ersten Apparat zu bezahlen gewesen.

Auf dem Bildschirm tauchte Verbraucher-Ed auf und verkündete dem staunenden Publikum aus dem Festsaal von Brians Schule, daß der wissenschaftliche Wettbewerb in Zukunft um eine Rubrik erweitert würde, die „Die Welt der Phantasie“ heißen würde.

In dem Moment schoß eine Stichflamme aus dem Apparat, und der Fernseher gab seinen Geist auf.

Eine unglaubliche Hitzewelle hatte das Land in diesen Tagen heimgesucht. Es war so heiß, daß ständig das Stromnetz zusammenbrach.

Im Augenblick herrschte gerade wieder mal Totalausfall, so daß Alf weder fernsehen noch sich mit einem Videospiel beschäftigen konnte.

Im Moment allerdings bekämpfte er seine Langeweile anders.

Als Lynn ihn später in seinem Zimmer aufsuchte, saß Alf über ein Buch gebeugt und fuhr beim Lesen mit einem Finger über die Zeilen.

„Was machst du da?“ wollte Lynn wissen.

„Ich übe mich im Schnell-Lese-Verfahren! Interessante Methode!“ kam als Antwort.

„Was für ein Buch ist es?“ Lynn schaute ihm neugierig über die Schultern.

„Keine Ahnung. Aber das Fell an meinem Finger nützt sich schon ab“, erwiderte Alf.

In dem Moment drang durch das offene Fenster Mrs. Ochmoneks schrille Stimme herüber: „Du bist schlimmer als ein Kind, wenn es ums Geld geht. Man sollte dich entmündigen.“

„Sieht so aus, als hätten sie den Kampf wiederaufgenommen“, stellte Lynn fest, worauf Alf sie belehrte, daß es nicht höflich sei, anderer Leute Konversation zu belauschen.

Lynn bedankte sich artig für den Hinweis und wünschte ihm noch viel Spaß bei seinem Buch.

Rachel fuhr inzwischen schwere Geschütze auf: „Meine Mutter hat mich davor gewarnt, einen arbeitsscheuen Kerl zu heiraten“, schoß sie eine Breitseite ab.

Trevor konterte mit der Empfehlung, sie sollte sich einen Korken in den Mund stecken, weil sie sonst die ganze Nachbarschaft aufweckte. Dann schloß er das Fenster.

Alf sah von seinem Buch hoch. „Wie soll man bei dieser Totenstille lesen können“, fragte er sich. Die Neugier trieb ihn zum Fenster, um zu sehen, was die Ochmoneks jetzt hinter verschlossenen Fenstern so trieben.

„Aaaahhh!“ Alf gefror das Blut in den Adern.

Sekunden später schoß er schreiend ins Schlafzimmer zu Willie und Kate: „Ruft die Polizei! Ruft die Polizei! Schrecklich! Furchtbar!“

Zitternd stand er neben Willies Bett. Der schaltete das Licht an. Alf schien in einem aufgelösten Zustand zu sein, bemerkte nun auch Kate, die natürlich von seinem Geschrei auch aufgewacht war.

„Wovon sprichst du?“ fragte Willie, verärgert über die nächtliche Ruhestörung.

Alf war nicht zu beruhigen und schrie unter Schockstößen, die durch seinen Körper jagten: „Ich spreche von Mord, von Verstümmelung, von einer Bluttat.“

„Alf, komm zur Sache oder geh ins Bett“, mahnte Willie, weil Alf sich an ihn klammern wollte. „Nicht in meins, in dein Bett.“

„Mr. Ochmonek hat Mrs. Ochmonek umgebracht“, stieß Alf heraus. „Ich habe sie streiten gehört. Dann sah ich, wie Mr. Ochmonek einen Eispickel nahm und . . .“ Es schüttelte ihn wieder.

„Du hast mal wieder etwas mißverstanden“, war Willie sofort klar.

„Wie immer“, mischte sich Kate nun auch ein. „Wie damals, als du Mr. Litwak beschuldigt hast, in seinem Keller eine Atombombe zu bauen.“

„Es war eine Atombombe“, beharrte Alf.

„Es war ein Heizgerät für seinen Pool", erinnerte ihn Willie sanft. „Schau, Alf. Es ist eine heiße Nacht. Und du bist müde. Deine Phantasie hat dir einen Streich gespielt. Geh schlafen."

„Gut, ich gehe", schimpfte Alf. „Aber ich werde nicht ruhen, nicht bis dieser Mörder hinter Gittern ist."

„Wir sollten ihn für ein neues Hobby begeistern", seufzte Willie, als Alf wieder gegangen war.

Er war gerade wieder eingeschlafen, als ein Schrei durchs Haus gellte. Dann noch einer. Dann ganz viele hintereinander. Die „Aaaahhhs" kamen aus der Küche und hätten Tote aufwecken können. Im Nu war die ganze Familie dort versammelt.

Man fand Alf am Tisch, bebend und weiterhin schreiend: „Aaahh, Aaaahh, Aaaahhh."

Kate packte den Kleinen an den Schultern und schüttelte ihn kräftig. „Alf, komm zu dir. Was ist passiert?"

Alf beruhigte sich etwas. Das heißt, er hörte zwar auf zu schreien, zitterte aber weiter und jammerte: „Es war furchtbar. Trevor Ochmonek stand direkt hinter mir. Er grinste teuflisch und hielt einen Eispickel in der Hand."

„Ich kann Mr. Ochmonek nirgends sehen", stellte Brian nach einem kritischen Blick in die Runde fest.

„Brian, Alf hatte einen Alptraum." Kate war sich da sicher.

„Und so geht es denen, die in fremde Fenster schauen", konnte sich Willie nicht verkneifen zu sagen.

Lynn streichelte Alf mitleidig. „Möchtest du, daß wir eine Weile bei dir bleiben?"

Alf nickte heftig. „Ja, für immer."

„Vergiß es", riet Willie. Er war fest entschlossen, sich diese Nacht den restlichen Schlaf nicht mehr rauben zu lassen. „Wir gehen alle ins Bett. Und du versuchst auch, wieder zu schlafen, Alf."

„Ich kann nicht, ich bin zu aufgekratzt", schüttelte sich Alf.

„Auch gut", meinte Willie. „Aber wir anderen brauchen unseren Schlaf."

Er duldete keine Widerrede, und bald darauf saß Alf wieder alleine in der Küche. Er versuchte sich wach zu halten, indem er sich selbst vorsagte: „Schlaf nicht ein, schlaf nicht ein."

Seine empfindlichen Ohren hörten Geräusche von draußen.

„Ignoriere sie", flüsterte Alf, „ignoriere sie."

Dabei war er schon auf dem Weg zum Fenster und schalt sich selbst: „Warum, zum Teufel, muß ich nur so neugierig sein."

Vorsichtig schob er den Vorhang zur Seite und lugte hinaus. Es war eine sternenklare und mondhelle Nacht, und in Nachbars Garten war Mr. Ochmonek gerade dabei, eine Grube zu schaufeln. Neben ihm lag etwas großes Längliches, in eine schwarze Plane verschnürt.

„Leben Sie wohl, arme Mrs. Ochmonek", flüsterte Alf schaudernd. „Ich habe Sie gut gekannt." Dann schwor er sich, den Mörder zur Strecke zu bringen, alleine, weil von dieser Familie hier keine Hilfe zu erwarten war.

Am nächsten Abend versuchte Alf, den unheimlichen Mörder mit einem Telefontrick in die Falle zu locken. Er gab sich Trevor gegenüber als Fernsehmoderator einer Quizsendung aus und stellte ihm einige belanglose Fragen. Kate kam genau in dem Moment dazu, als Alf die letzte Frage abschoß: „Haben Sie Ihre Frau umgebracht?"

„Alf!“ rief Kate empört, und der Melmac ließ erschrocken den Hörer auf die Gabel fallen.

„Kate, ich habe gesehen, wie der Kerl gestern im Garten Mrs. Ochmonek eingegraben hat“, rechtfertigte sich Alf. Er drückte ihr Polaroidfotos in die Hand. „Hier, ich habe ihn dabei fotografiert.“

„Willst du mich auf den Arm nehmen?“ fragte Kate bei der Durchsicht. „Die sind ja völlig schwarz.“

„Ja, glaubst du vielleicht, ich fotografiere einen Mörder, der gerade sein Opfer vergräbt, mit Blitzlicht?“ entsetzte sich Alf über so viel Naivität.

„Uh“, war alles, was Kate machte. Kopfschüttelnd ging sie in die Küche. Zur Zeit war es schon besonders schlimm mit Alf.

Das fand auch Willie in hohem Maße, als er kurz darauf ins Schlafzimmer ging und sein Blick zufällig hinüber zum Haus der Ochmoneks fiel.

„O Gott“, fuhr Willie zusammen. Hinter einem der beleuchteten Fenster sah er, wie Alf Trevors Schubladen durchstöberte, während dieser gerade in ein anderes Zimmer ging.

Willie hetzte zum Telefon und wählte Trevors Nummer. Er schickte Stoßgebete zum Himmel, Trevor möge doch nicht ins andere Zimmer gehen und den Hörer abheben. Leider tat dies Alf im anderen Raum. Zum Glück drehte Trevor auf halbem Weg zu seinem Apparat wieder ab.

„Alf, um Himmels willen, warum gehst du an den Apparat?“ bellte Willie nervös. Sein Pulsschlag erreichte die Höhen eines Leistungssportlers nach einem neuen Weltrekord.

„Eh, es hat geläutet“, antwortete Alf einfach. „Wo bist du?“

„Gegenüber, wohin du jetzt auch sofort unauffällig verschwinden wirst", drängte Willie verzweifelt. „Und paß ja auf. Trevor ist im Nebenzimmer."

„Hey, ich kann dich sehen", freute sich Alf aber erst einmal und winkte zu Willie hinüber.

„Verschwinde", zischte der nur, am Ende seiner Nervenkraft. „Und laß das Telefon in Ruhe, wenn ich jetzt wieder anrufe. Ich muß Trevor ablenken."

Willie wählte erneut Trevors Nummer. Diesmal ging Trevor an den Apparat, und Willie beobachtete schweißgebadet, wie Alf hinter ihm vorbeischlich. Er quasselte allerlei dummes Zeug mit Trevor, bis er sicher sein konnte, daß Alf das Nachbarhaus verlassen hatte.

Nachdem er sich von Trevor verabschiedet und sich wegen der Störung entschuldigt hatte, raste er wütend, mit geschwollenen Stirnadern, in die Küche, gefolgt von Kate und Lynn. Alf war gerade eingetroffen.

Willie geriet außer sich und beschimpfte Alf als Einbrecher. Und er schrie ihn an, daß er ihn hiermit endgültig zum letzten Mal verwarnte.

„Hey, du bist aufgeregt", traf Alf den Nagel auf den Kopf. „Aber ich zeige dir hier Beweisstück *A*." Er hielt plötzlich ein Gebiß in der Hand und triumphierte: „Das habe ich drüben gefunden. Es gehörte Mrs. Ochmonek." Er klappte das Gebiß auseinander und sagte: „Seht! Und so lachte sie!"

„Alf, das beweist noch gar nichts", bremste ihn Kate. „Das sind falsche Zähne."

„Ich gehe auf einen Drink zu Trevor", sagte Willie voller Zorn. „Ich muß mich abreagieren, sonst ziehe ich ihm das Fell ab."

Als Willie weg war, gab Lynn grüblerisch zu bedenken: „Mam, ist es nicht doch seltsam, daß Mrs. Ochmonek das Haus ohne ihre Zähne verlassen hat?"

„Vielleicht traf sie sich mit jemand auf eine Suppe", erwiderte Kate konfus. „Was weiß ich. Alf macht uns noch alle verrückt."

„Vielleicht hätten wir Paps nicht dort rübergehen lassen sollen." Lynn war offensichtlich nun vom Alf-Virus infiziert.

„Ganz recht", schürte der Melmac das Mörder-Fieber. „Trevor könnte sich ja entschlossen haben, zum Massenmörder zu werden. Die bekommen mehr Publicity."

„Alf, hör auf", warnte ihn Kate und wandte sich an Lynn: „Schau, Liebling. Trevor ist bestimmt kein Mörder. Wir kennen ihn seit Jahren und ..." Ihr Blick fiel aus dem Fenster. „Oh, oh, nein", stöhnte sie und schaute wie erstarrt hinaus.

„O Gott, er hat einen Eispickel in der Hand!" Jetzt sah es auch Lynn.

„Er geht auf Willie zu", schrie Kate entsetzt, während Alf rief: „Ich wußte es, ich wußte es. Ich ruf' die Polizei an."

In diesem Augenblick, als Kate und Lynn hinaushasteten, um ihren Willie aus den Klauen des Mörders zu befreien, ging das Licht aus. Ein neuerlicher Stromausfall. Alf tastete nach dem Telefon – und schrie vor Schmerz auf! Er hatte aus Versehen nach der heißen Kaffeekanne gegriffen.

Willie, der Trevor Rachels Gebiß hatte zurückbringen wollen und geflunkert hatte, er habe es vor dem Haus gefunden, nahm gerade gemütlich einen Drink zu sich, als Kate und Lynn in Ochmoneks Haus stürzten.

„Was ist los?" fragte er verblüfft, weil die beiden völlig außer Atem waren.

„Ja, was ist los?“ schloß sich Trevor an. In der einen Hand hielt er einen Drink, in der anderen einen Eispikkel.

Kate kam ins Stottern. „Oh . . . nun, die Lichter gingen aus, und da wollten wir nach Willie sehen, weil der sich im Dunkeln fürchtet.“ Kate bat Willie in Gedanken für diese Geschichte um Verzeihung, aber ihr war nichts anderes eingefallen.

„Du hast Angst im Dunkeln?“ wunderte sich Trevor.

„Weißt du, das ist etwas, worüber ich nicht gerne rede“, nickte Willie mit rotem Kopf.

„Trevor, äh, würden Sie mir sagen, was Sie mit dem Eispickel machen?“ fragte Kate schüchtern, weil das Ding genau auf ihren Magen zeigte.

Trevor sah sie seltsam an. Diese Tanners benahmen sich wirklich oft sehr merkwürdig. Er hielt Kate sein Glas neben ein Ohr und klingelte mit den Eisstückchen darin. „Sie werden es nicht glauben: Ich zerhacke Eis damit.“

„Wir sollten jetzt gehen, Willie“, schlug Kate peinlich berührt vor. Sie kam sich ganz klein und häßlich vor.

„Gut, dann gehe ich und mache das Bad weiter sauber“, meinte Trevor. „Es ist immer noch voller Blut.“

„Ah“, machte Kate.

„Blut?“ fragte Willie.

„Entschuldigung“, sagte in dem Moment eine unbekannte Stimme hinter ihnen. Wie sich schnell herausstellte, gehörte sie zu einem dicken Polizisten namens Lieutenant O'Reilly. Er eröffnete Trevor, daß ihn ein gewisser Willie Tanner angerufen habe. „Er behauptet, Sie hätten Ihre Frau im Garten vergraben“, kam O'Reilly zur Sache, was nun bei Trevor Erstaunen auslöste.

„Hey, Tanner, warum sagst du so etwas?“

Doch Willie brummte nur zornig in sich hinein: „Warum muß das Biest immer ausgerechnet meinen Namen gebrauchen!“

Kate verteidigte aufgeregt ihren Mann: „Sie wurden gesehen, wie Sie im Garten eine Grube ausgehoben haben.“

Trevor ging ein Licht auf. „Ach so, ich habe doch nur eine Rinderhälfte eingebuddelt. Die habe ich einem Kerl für hundert Dollar abgekauft. Wahrscheinlich war sie geklau. . ., ich meine, ich habe die Rinderhälfte auf einer Fleischtombola gewonnen.“

„Aha!“ Kate gab sich damit nicht zufrieden: „Und warum ist dann Ihr Bad voller Blut?“

„Weil ich die Hälfte dort zerlegt habe, damit sie in die Kühltruhe paßt“, gab Trevor geduldig Auskunft. Man sollte Verrückte nicht reizen. „Aber zuvor wurde das Fleisch schlecht und stank dermaßen das Haus voll, daß Rachel zu ihrer Schwester zog, bis ich die Sache bereinigt hatte. Da habe ich das Fleisch vergraben und Rachel angerufen. Sie müßte bald hier eintrudeln.“

„Trevor, es tut ja mir so leid“, schämte sich Kate, aber Trevor nahm das Ganze gelassen.

„Vergessen Sie es. Rachel und ich haben auch schon vermutet, daß ihr Tanners eigentlich Mondmenschen seid, die unsere Gestalt angenommen haben. Also waren wir auch nicht besser.“ Er wandte sich an O'Reilly. „Wenn Sie schon mal hier sind: Da gibt es einen Kerl namens Litwak in der Nachbarschaft. Ich glaube, der baut in seinem Keller an einer Atombombe.“

Der dicke Polizist nickte seufzend. „Okay, ich werde der Sache nachgehen.“

In diesem Augenblick ging erneut das Licht aus. Als es wieder aufflackerte, stand Mrs. Ochmonek im Türrahmen. Als erstes sah sie ihren Trevor mit ihrem Gebiß in der Hand. Die anderen ignorierte sie vorerst einmal.

„Was machst du mit meinen Zähnen“, fragte sie Trevor mißtrauisch. „Bist du schon wieder blau?“

„Du solltest vorsichtiger beim Reden sein“, mahnte Trevor gelassen. „Dir fallen bei deinem Geschwätz schon die Zähne aus dem Mund, ohne daß du es merkst.“

Damit war der *Mord* an Mrs. Ochmonek aufgeklärt, und Alf bis auf die Knochen blamiert. Deshalb konnte es Lynn auch kaum fassen, als sie ihn später in seinem Zimmer dabei erwischte, wie er schon wieder zu den Ochmoneks hinüberspionierte. Alf hatte dafür aber eine einleuchtende Erklärung.

„Es ist nicht so, wie du denkst“, meinte er zu Lynn. „Ich möchte nur den Zeitpunkt nicht verpassen, wo sie drüben ins Bett gehen. Dann kann ich in ihren Garten schleichen und das Rindvieh ausgraben. Hätten wir vielleicht einen guten Beaujolais dazu da?“

Garagen-Flohmarkt ist in Amerika sehr beliebt. Die Leute suchen all ihren Krempel zusammen, den sie loswerden wollen, und verkaufen ihn in ihrer Garage.

Auch die Tanners bereiteten eines Tages einen solchen Flohmarkt vor, wobei sich Willie wie ein kleiner Junge gebärdete, dem man seine Spielsachen wegnahm. Ständig lag er sich mit Kate in den Haaren, besonders wegen eines Buddelschiffs, das die Nina darstellte, ein Schiff aus Christoph Columbus’ Entdeckerflotte.

In einen dieser Kämpfe platzte Alf mit Buchhaltermiene rein. Er hatte alte Rechnungen durchgesehen und war auf eine Zahlungsverpflichtung von elftausend Dollar gestoßen, die in einer Woche fällig war. Es handelte sich dabei um ein sogenanntes „Balloon-payment".

Alf war schier entsetzt, weil man doch, wie jedermann wußte, für nur neunundsechzig Cents bereits ein ganzes Paket Ballons kaufen konnte. Kate mußte ihm erklären, daß es sich hier um eine besondere Art von Hypothek handelte, die Willie und sie vor sieben Jahren auf ihr Haus aufgenommen hatten.

Alf entfernte sich mit sorgenvollem Kopfschütteln. Er sah einen direkten Zusammenhang zwischen dem Flohmarkt und diesen elftausend Dollar. Offensichtlich ein verzweifelter Versuch des Haushaltsvorstandes, der Familie das Dach über dem Kopf zu retten. Alf stimmte dies sehr bedenklich, weil diese immense finanzielle Notlage auch den Lebensmittelnachschub akut zu gefährden drohte – und damit auch sein Wohlbefinden. Da mußte etwas unternommen werden. Aber was?

Die rettende Idee kam ihm, als Kates Mutter Dorothy sie besuchte. Eine ihrer Leidenschaften war offensichtlich, sich Pferderennen im Fernsehen anzuschauen. Als sie eines Tages gerade einmal wieder mit Spannung und unter größter Anteilnahme ein solches Rennen verfolgte, das ein Gaul namens „Butterblümchen" gewann, rief sie plötzlich ganz aufgeregt: „Ich habe dreihundert Dollar gewonnen!"

Und damit war Alfs Neugier geweckt.

Nur Kate fand es unpassend, daß ihre Mutter auf Pferde wettete, und konnte sich auch überhaupt nicht Dorothy auf einer Rennbahn vorstellen.

Alf wollte sich schier darüber totlachen. Er konnte sich Großmama sehr gut auf einer Rennbahn vorstellen: als teilnehmendes Pferd, wie er dröhnend verkündete.

Das Lachen blieb Alf erst im Halse stecken, als Dorothy sich intensiv dafür zu interessieren begann, wie lange es wohl dauern würde, bis sie ihm jedes Haar einzeln ausgerissen hätte. Zu Kate gewandt erklärte sie, daß sie selbst nie zu Pferderennen ginge, sondern ihre Wetten über einen Buchmacher namens „Nick the Fish" abwikkelte.

Nun waren Buchmacher von der Art dieses Nick als sehr zwielichtige Elemente bekannt, die außerdem äußerst rüde Methoden anwandten, wenn jemand seine Schulden bei ihnen nicht bezahlen konnte oder wollte.

Aber Alf wußte von diesen Seiten des Geschäftslebens nichts. In einer ungestörten Minute zu zweit versuchte er hingegen, Dorothy zu überreden, für ihn fünfzig Dollar bei „Nick the Fish", der richtig „Nick Mintz" hieß, zu setzen. Aber Großmama Dorothy weigerte sich strikt, dies zu tun, und ließ ihn sitzen.

Alf war enttäuscht. Unwillig trommelte er mit den Fingern auf die Tischplatte und murmelte in sich hinein: „Wieder einmal werde ich auf meine eigene Entschlossenheit angewiesen sein."

Am Abend, als Willie und Kate aus dem Badezimmer kamen, fanden sie Alf am Telefon in ihrem Schlafzimmer vor. Gerade wollte er eine Nummer wählen.

Alf hielt inne, als er sie wahrnahm. „Könnt ihr nicht anklopfen", maulte er die beiden knurrig an. Kate sah sich genötigt, ihn darüber aufzuklären, daß er sich in *ihrem* Zimmer befand.

„Mir bekannt", nickte Alf unerschüttert. „Aber ich habe hier einen privaten Anruf zu erledigen, sozusagen eine Überraschung. Alles nur zu eurem Besten. Deshalb solltet ihr für zwei Minuten von hier verschwinden."

Kate schnaufte wegen dieser Unverschämtheit erst mal tief durch und erzählte Alf danach schonungslos, was sie davon hielt. Auf seine sogenannten Überraschungen könne sie gut verzichten. Meist ginge dabei sowieso nur irgend etwas in Flammen auf, oder die Familie stünde am Rand des finanziellen Ruins.

Alf wechselte die Taktik und schaltete auf Bitten um. Er sprach von Vertrauen, jenem Band, das eine Familie zusammenschweiße. Er faselte so lange dahin, bis Kate und Willie ihm seine zwei Minuten zugestanden und das Schlafzimmer verließen.

„Tür zu", schrie Alf rüde hinterher. Dann wählte er die Nummer von „Nick the Fish", die er in Dorothys Handtasche herausgeschnüffelt hatte, und stellte sich als deren Freund „Big Red" vor. Auf diese Weise stieg Alf an diesem Abend mit fünfzig Dollar ins Wettgeschäft ein.

Am nächsten Tag verfolgte er aufgeregt und nervös im Fernsehen, wie die „Schlimme Nina" mit einer Nasenlänge ein Rennen gewann. Alf triumphierte lauthals und rief den „Fisch" an, um seine eben gewonnenen dreihundert Dollar sofort zu vervielfachen.

Am Abend gewann „Katzenkiller" mit einer halben Länge Vorsprung, und Alf flippte fast aus. Er war nun fest davon überzeugt, goldene Hände zu haben.

Der „Fisch" nahm kurz darauf am Telefon wilde Wetten seines Kunden Alf an, mit besten Grüßen an das „Fischweib" eingeschlossen.

Während Willie am nächsten Tag wieder einmal seinen Hockeyschläger und das Buddelschiff versteckte, um es vor dem Verkauf in der Garage zu retten, verfolgte Alf fiebernd das nächste Pferderennen, in das er fast sein ganzes Vermögen gesteckt hatte. Als er Willie durchs Wohnzimmer gehen sah, hielt er ihn auf: „He, setz dich her und schau dir das mit mir an. Achte auf die Nummer neun."

Willie, der keine Zeit hatte, sich Pferderennen anzusehen, riskierte nur einen Blick auf den Bildschirm.

„Du meinst das Pferd, das gerade gestürzt ist?"

„Uh", machte Alf. „Genau das."

„Das steht nicht mehr auf", sah Willie mit Kennerblick und wunderte sich darüber, weshalb Alf sich so mächtig aufregte.

„Es wird, es wird", schrie der Melmac. „Vielleicht ist es nur etwas besoffen."

„Na, wenigstens ist der Jockey o.k.", stellte Willie sachlich fest.

„Wen kümmert das", erregte sich Alf. „Steh endlich auf, verdammte Mähre." Willie ging kopfschüttelnd hinaus.

Doch Nummer neun stand nicht mehr auf. „Mutters Liebling" gewann mit drei Längen, und Alf hechelte zum Telefon und kontaktierte den „Fisch".

„Hey, Nick", haspelte er los. „Das Rennen vergessen wir einfach, in Ordnung. Setzt zweitausend auf ... was meinst du mit: ich kann nicht mehr wetten ... wie ... sechstausend in den Miesen ... nein, nein. Deshalb mußt du nicht gleich selbst herkommen. Ich werfe einen Scheck in den Briefkasten ... Hallo ... Halloo ..."

Nick hatte aufgelegt. Das letzte, was er gesagt hatte, hatte sich so angehört wie: „Ich komme um fünf, halte die Knete bereit."

Wenn Kate nicht wegen der Vorbereitungen zu dem Garagen-Flohmarkt voll im Streß gewesen wäre, hätte sie vielleicht bemerkt, daß Alf ungewöhnlich nachdenklich dasaß, als sie ins Wohnzimmer trat. Und alle Alarmglocken hätten bei ihr läuten müssen, als Alf sie mit einem seltsamen Vortrag aufhielt.

„Nehmen wir mal eine theoretische Situation, Kate.

Jemand plaziert eine Wette bei einem professionellen Buchmacher und kommt mit sechstausend Dollar in die Kreide, die er nicht bezahlen kann. Was kann diesem Jemand theoretisch passieren?"

„Theoretisch könnten ihm die Beine gebrochen werden", war Kates Antwort. Sie hatte so etwas schon einmal im Fernsehen gesehen. „Aber warum fragst du?"

„Nur so."

Achselzuckend ging Kate in die Küche. Sie sah nicht mehr, wie Alf eine schmerzhafte Grimasse schnitt und in sich zusammensank.

Lynn und Brian fanden ihn später in der Garage, wie er alle möglichen Sachen dort ausbreitete, auch sein Lieblingsspielzeug, ein Holzpaddel mit einem Ball an einem Gummiband.

„Meinst du, daß ich dafür sechstausend bekommen kann?" fragte er Lynn hoffnungsvoll.

Die Antwort war vernichtend: „Höchstens einen Vierteldollar."

„Na ja, immerhin ein Anfang", murmelte Alf bedrückt und packte weitere Utensilien aus seinen Schätzen aus.

Lynn fragte ihn verwundert: „Alf, warum nur willst du all deine Lieblingsspielsachen verkaufen?"

„Ich will meinen Teil dazu beitragen, der Familie aus ihren finanziellen Schwierigkeiten zu helfen."

„Wir haben doch gar keine", wunderte sich Lynn nun noch mehr.

„Jetzt schon", brummte Alf undeutlich.

„Kate, wir haben nicht ein Stück bisher verkauft", bemängelte Dorothy später verständnislos, als der Tannersche Flohmarkt in vollem Gange war. Auch Willie, der dazukam, war darüber verwundert. Das Rätsel begann sich langsam zu lösen, als sich schließlich eine Frau an Kate wandte und bemängelte, daß tausend Dollar für eine alte Nachttischlampe lächerlich seien. Dasselbe empfand auch ein anderer Kunde, nachdem er das Preisschild auf einer verbeulten Kaffeekanne als zweitausendfünfhundert Dollar entziffert hatte.

Dorothy entdeckte schließlich bei Durchsicht des Warenangebots, daß die angebotenen Steakmesser mit dreitausendfünfhundert Dollar ausgeschrieben waren und ein Schraubenzieher mit achthundert Dollar.

Kate und Willie zweifelten nicht daran, daß Alf ihnen diesen Streich gespielt hatte, auch wenn sie keine Ahnung hatten, warum. Also suchten sie ihn und fanden ihn schließlich unter dem Küchentisch hockend. Willie wollte wissen, was er dort machte.

„Ich zittere", erwiderte Alf kleinlaut. Das war auch nicht zu übersehen. Es schüttelte ihn förmlich durch.

„Komm raus da unten", forderte ihn Kate auf. „Wir wissen, was du getan hast." Sie meinte die Sache mit den Preisschildern.

Alf streckte nur den Kopf unter der Tischplatte heraus und rechtfertigte sich: „Ich habe nur versucht, ein bißchen Geld zu machen." Er meinte die Sache mit „Nick the Fish".

„Wie bist du bloß auf so eine verrückte Idee gekommen", schimpfte Kate wegen der vertauschten Preisschilder.

„Durch deine Mutter", erklärte Alf. „Es ist schließlich ihr Buchmacher."

„Buchmacher? Welcher Buchmacher?" wunderte sich Willie. Hier mußte man sich offensichtlich auf ein anderes Gleis begeben.

In dem Moment läutete es an der Haustür. Es war fünf Uhr.

„Der Buchmacher“, kam es kläglich unter dem Tisch heraus. Kate, die die Sachlage noch nicht durchschaute, fragte sich, was ein Buchmacher mit ihrem Flohmarkt zu tun hatte.

Willie gebot in der Zwischenzeit Alf: „Du bleibst hier. Wir sprechen später darüber. Jetzt gehe ich erst einmal die Tür öffnen.“

Alf grabschte nach Willies Beinen und jammerte, er solle um seiner Beine willen die Tür nicht öffnen, womit Alf seine eigenen Beine meinte. Willie schüttelte ihn ab und verließ mit Kate die Küche.

„Mein Leben ist keinen Pfifferling mehr wert“, klang es dumpf unter dem Küchentisch.

Im Wohnzimmer sahen sich Willie und Kate einem etwa vierzigjährigen Dandy gegenüber, der sich überaus freundlich als Nick Mintz vorstellte und zwischendurch mehrmals kräftig in ein Taschentuch nieste. Offensichtlich hatte der Bedauernswerte eine kräftige Erkältung. Kate empfahl ihm Zitronensaft mit Honig.

„Danke, aber ich vertrage keine Zitrone“, schniefte der „Fisch“. „Wo ist meine Kohle?“

Willie verstand nicht.

Der „Fisch“ war derartige Gedächtnislücken bei anderer Kundschaft schon gewöhnt und meinte freundlich, Alf solle ihm einfach die sechstausend aushändigen. Dann könne er endlich nach Hause gehen und gegen seinen Schnupfen inhalieren.

„Sechstausend“, rief Kate. „Guter Gott.“

Willie suchte vorsichtig nach Klarheit: „Sie meinen, ich habe bei Ihnen gewettet und schulde Ihnen jetzt sechstausend Dollar?“

Der „Fisch“ nickte freudig. „Jetzt verstehen wir uns wieder.“

„Aber ich habe nicht soviel Geld“, sagte Willie ehrlich.

Der „Fisch“ schüttelte betrübt den Kopf. Er griff sich eine Blumenvase vom Tisch. „Ich bin sicher, du wirst es auftreiben.“ Die Vase fiel ihm aus seinen Händen und zerbarst auf dem Boden. „Oh, wie ungeschickt von mir“, sagte der „Fisch“ traurig und verabschiedete sich.

Willie und Kate sahen sich konsterniert an.

In der Küche fanden sie Alf in ein Diktiergerät sprechend vor: „Ich, Gordon Shumway, im vollen Besitz meiner körperlichen und geistigen Kräfte ...“

„Da bin ich ganz anderer Meinung“, unterbrach ihn Willie verärgert. Doch bevor er richtig seinen Ärger loswerden konnte, kam Dorothy herein und verkündete: „So, ich habe die Preisschilder wieder alle in Ordnung gebracht. Wer hatte sie denn nun vertauscht?“

„Oh, wir haben da einen begründeten Verdacht.“ Kate deutete auf den unglücklichen Alf.

„Er plazierte eine Wette bei deinem Buchmacher und verlor sechstausend Dollar“, klärte Willie sie näher auf. „Und jetzt ist der Mob hinter ihm her.“

„Dann hat die Sache wenigstens noch ihr Gutes“, fand Dorothy mitleidlos.

„Du bist an allem schuld“, greinte Alf. „Du hast mich mit Pferderennen vertraut gemacht, obwohl du genau wußtest, wie schnell ich in Zwangslagen komme. Ich bin davon abhängig, daß mich die Leute in diesem Haus vor mir selbst schützen.“

Kate rang die Hände zum Himmel, während Alf fortfuhr. „Ich habe alles für einen guten Zweck getan, alles, um euch vor dem Armenhaus zu bewahren.“

„Eine gute Strategie", erkannte Willie sarkastisch, „uns dabei hoffnungslos in Schulden zu stürzen."

„So!" schimpfte Alf nun seinerseits. „Und wie hattest du es dir gedacht, deine Hypothek zu bezahlen? Mit diesem Kleinkram-Flohmarkt . . .? Übrigens, wie gehen die Steakmesser weg?" setzte er hoffnungsvoll nach.

Willie konnte es kaum fassen, was sich der Melmac da wieder zusammenphantasiert hatte. „Aber Alf, die elftausend Dollar haben wir längst beiseite gelegt."

„Oh, gut." Über Alfs Gesicht ging ein Aufleuchten. „Dann kannst du mir sechstausend Dollar leihen."

„Natürlich", schüttelte sich Willie über so viel Unverfrorenheit. „Sind sechstausend genug? Oder sollen wir besser gleich warten, bis du uns beim nächstenmal aus der Patsche hilfst? Dann wirst du sicher mehr brauchen."

„Danke für deinen Sarkasmus, Willie", fauchte Alf. „Irgendwo da draußen ist bereits ein Fleischerhaken mit meinem Namen drauf aufgehängt, und du trampelst auf meiner gepeinigten Seele herum."

Im nächsten Augenblick flitzte er quiekend unter den Tisch, weil es wieder geläutet hatte.

„O mein Gott, er ist wieder da", jammerte Alf erbärmlich. „Bitte, laßt uns durch den Seiteneingang verschwinden."

„Mam, ist Mr. Mintz ein sehr gewalttätiger Mann?" fragte Kate unsicher Dorothy.

Die nickte gelassen. „Ja, das schon. Aber er ist fair." Zufrieden sah sie, wie es Alf unter dem Tisch erneut heftig schüttelte.

Aber es war nicht der „Fisch". An der Tür stand ein höflicher junger Mann, der sich als Requisiteur einer Filmgesellschaft vorstellte und sich sehr für das perfekte

Spielzeugraumschiff interessierte, das in der Garage hing. Als Willie ihm erklärte, daß es unverkäuflich sei, bot der Mann an, es für viertausend Dollar eine Woche lang zu mieten.

Willie stutzte verblüfft. Das war die Chance. Er ging in die vollen: „Wie wäre es mit sechstausend Dollar?"

„Einverstanden", nickte der andere sofort.

Kate zog Willie am Ärmel und gab zu bedenken: „Willie, sollten wir dazu nicht erst die Meinung von jemand anders hören?"

Aus der Küche kam postwendend die Antwort: „Um Himmels willen, nehmt bloß das Geld."

„Eh, unser Manager", erklärte Willie dem verdutzten Requisiteur, der einen Scheck bereits zückte.

„Auf welchen Namen soll ich ihn ausstellen?"

„Mr. Nick Mintz", seufzte Willie.

„Oh, der ‚Fisch'." Der Mann kannte sich aus.

Auf diese Weise konnte Alf seine Schulden bei „Nick the Fish" begleichen und seine Beine retten. Am späten Abend trafen sich er und Willie zufällig vor der Garage bei den Mülltonnen, in denen die Ladenhüter des Flohmarktes gelandet waren. Beide wühlten mit Feuereifer in den Abfällen herum.

„Was suchst du denn, Alf?" fragte Willie.

„Rabattmarken. Und du?"

„Meine Nina."

„Viel Glück, Willie", wünschte Alf.

„Viel Glück", wünschte Willie.

Friede war wieder eingekehrt im Hause Tanner, und die Nacht senkte sich gütig über die aufregenden Ereignisse des Tages. Doch schon der nächste begann wortwörtlich gemeint mit einem neuen Schlag.

Es war Sonnabend, und sonnabends pflegte Alf ein Bad zu nehmen.

Er erschien im Wohnzimmer, wo Lynn auf der Couch in einer Illustrierten blätterte. Alfs Kopf steckte unter einer von Kates luftigen rosafarbenen Badehauben. Um seinen feisten Nacken schlang sich lässig ein Handtuch. Und in einer Pfote hielt er den elektrischen Handmixer.

Alf watschelte an Lynn vorbei und informierte sie: „Wenn mich jemand braucht, ich bin im Whirlpool."

Lynn sah nur kurz von ihrer Zeitung hoch. „Wir haben keinen Whirlpool." Sie war Alfs konfuse Bemerkungen längst gewöhnt.

„Ich weiß, aber ich kann improvisieren", meinte Alf und verschwand im Badezimmer.

Kate kam von draußen mit einem Stapel Briefe herein. Für Lynn war keine Post dabei.

„Wo ist Alf?" fragte Kate, während sie die Umschläge genauer durchsah.

„Im Whirlpool. Er improvisiert. Er hat deinen elektrischen Handmixer dabei ... o mein Gott!" Lynns Augen weiteten sich entsetzt. Erst jetzt dämmerte es ihr, was Alf vorhatte.

Auch Kate schaltete richtig. Sie hetzten den Gang zum Badezimmer hinunter, wurden aber von einem Schrei urplötzlich gestoppt.

„Aaaahhh!"

Einen Augenblick standen Kate und Lynn wie gelähmt und sahen sich fröstelnd in die Augen. Sie waren zu spät gekommen. Alf hatte der Schlag getroffen. Doch dann sahen sie, wie sich die Badezimmertüre langsam öffnete und Alf herauskam.

„Gott sei Dank, du bist gesund“, war Kates erste Reaktion.

Alf taumelte leicht. Sein Kopf zuckte unkontrolliert. Sein Blick erschien Lynn und Kate bei näherer Betrachtung auch ziemlich abwesend zu sein. Kate lief zu ihm hin, um den Kleinen zu stützen. Alfs Fell war ganz durcheinander. Man konnte sagen, es sträubte sich, offensichtlich eine Folge des elektrischen Schlages, den er bekommen haben mußte. Der mußte ihn völlig durchgerüttelt haben.

„Alf“, sagte Kate liebevoll.

Die schwarzen Augen schauten verständnislos zu ihr hoch.

„Alf? Das muß ein Mißverständnis sein.“ Er reichte ihr die Hand. „Wayne Schlegel. Michigan Lebens- und Unfallversicherung.“

„Wovon redet er?“ sorgte sich Lynn ratlos.

„Ich sprech’ über Ihre Zukunft“, erklärte Wayne Schlegel. „Über ein Versicherungspaket, das Ihre Bedürfnisse absichert.“

„Er hat das Gedächtnis verloren“, befürchtete Lynn, und Kate dachte laut, daß Alf wahrscheinlich das Versicherungswerbeplakat im Bad gelesen hatte, als ihn der Stromschlag traf.

„Michigan Lebens- und Unfallversicherung“, betonte Alf noch mal höflich. „Wayne Schlegel. Bitte nehmen Sie einen unserer kostenlosen Kalender.“

Wenig später saß die ganze Familie ratlos um Wayne Schlegel alias Alf am Tisch herum. Er improvisierte einen Vortrag über eine Hagelversicherung, weil er seinen Aktenkoffer nicht finden konnte. Aus Willies Schrank hatte sich Wayne Schlegel ein Hemd mit Krawatte und eine Anzugjacke ausgeliehen, nachdem er beschämt festgestellt hatte, daß er aus unerfindlichen Gründen hier nackt herumlief. Weder Willie noch Kate noch Lynn oder Brian konnten ihn davon überzeugen, daß er in Wirklichkeit ein Außerirdischer war, schon immer ohne Hose und Jacke herumgelaufen war und Alf hieß.

Wayne Schlegel begann mißtrauisch zu werden, um so mehr, als er von diesen spinnerten Kunden mit Gewalt am Verlassen des Hauses gehindert und nackt ins Schlafzimmer gesperrt wurde, während sich die Tanners zur Beratung zurückzogen.

Wayne Schlegel rief die Polizei an und meldete seine Entführung. Er zweifelte daran, ob einem seiner Kollegen schon je einmal etwas Ähnliches passiert war.

Als Versicherungsagent erlebte man ja allerhand, aber das hier war der absolute Horror. Wayne Schlegel fühlte Panik in sich hochsteigen. Er würde das Rendezvous mit seiner Sekretärin Brenda versäumen, was bei ihr wieder giftige Reaktionen hervorrufen konnte, vor allem, wo er noch immer nicht mit seinem Eheweib über die Scheidung gesprochen hatte. Nicht, daß er das zu tun gedachte. Aber Brenda war dazu imstande, dies selbst in die Hand zu nehmen.

„Ha, Sie werden große Schwierigkeiten bekommen, Mister", drohte er Willie, als der wieder ins Zimmer kam. „Dafür wandern Sie ins Gefängnis."

„Bitte, Alf, bleib ruhig", bat Willie händeringend. „Wir werden alles versuchen, deine Erinnerung wieder zurückzuholen. Komm mit raus, und wir erzählen dir, wie du zu uns kamst, und was du seitdem alles für Mist gebaut ... äh, was sich seitdem alles ereignet hat."

Wayne Schlegel sah ihn vom Bett her verächtlich an. „Ich will nicht ruhig bleiben. Ich bin ein hochdynamischer Geschäftsmann. Wie, glauben Sie wohl, bin ich

Mitglied im Millionärsclub geworden. Außerdem habe ich bereits die Polizei verständigt. Würden Sie mir also bitte meine Hosen geben und aufhören, mich zu duzen."

Die Sache mit Alfs Anruf bei der Polizei klang sehr bedrohlich. Es wurde Zeit, Wayne Schlegel von der Michigan Lebens- und Unfallversicherung wieder in Alf, den Melmac, umzuwandeln.

Die ganze Familie bemühte sich anschließend, mit aller Macht und großer Ausdauer, Alfs Gedächtnis mit zahlreichen Episoden aus seinem bisherigen Erdenleben wieder zu reaktivieren. Aber alles war vergeblich.

Dummerweise gab es nun den Versicherungsagenten Wayne Schlegel wirklich, und dummerweise hatte seine Ehefrau ihn gerade jetzt bei der Polizei als vermißt gemeldet, weil er nicht nach Hause gekommen war. Mrs. Schlegel vermutete, daß ihr Gatte sich wieder mal bei einer anderen Frau vergnügte, was sie ihm ein für allemal gründlich vermasseln wollte.

Dabei lag der echte Wayne Schlegel zu diesem Zeitpunkt nach einem Autounfall besinnungslos im Krankenhaus, körperlich nur leicht verletzt, aber eben nicht in der Lage, seinen Aufenthaltsort bekanntzugeben, weder der schon vor Wut rasenden Brenda noch seiner giftigen Gattin.

Die Polizei erinnerte sich an den Anruf eines gewissen Wayne Schlegel, der seine Entführung gemeldet hatte. Bisher hatten die Beamten dies nicht ernst genommen, weil der Anrufer etwas verrückt schien. Welcher Entführte verlangt schon in solch einer Notlage, daß man ihm zu seiner Befreiung Beamte schicken möge, die jung vermählt und ohne ausreichende Versicherungen waren, damit man dies an Ort und Stelle gleich vertraglich ändern könnte.

Aber jetzt zählten die Polizisten zwei und zwei zusammen, und die Spur führte zu einem gewissen Willie Tanner, bisher ein unbeschriebenes Blatt, allerdings schon mal unter dem Verdacht des Terrorismus in Haft gesessen.

Zum Glück trafen zwei wichtige Umstände zusammen, bevor eine Spezialeinheit Willies Haus stürmte und es in Grund und Boden schoß. Zum einen hatte Brian die rettende Idee, dem falschen Wayne Schlegel Lucky unter die Schnauze zu halten, was eine prompte Zurückverwandlung in den Melmac bewirkte. Zum anderen bekam Mrs. Schlegel, die Gattin des echten Wayne Schlegel, einen Anruf aus dem Krankenhaus, daß Wayne dort lag, aber inzwischen aufgewacht war und sich auf dem Weg der Besserung befand.

Mrs. Schlegel, die mit Vornamen Ruth hieß, rauschte zu ihrem Wayne ins Krankenhaus, verständigte aber vorher noch die Polizei und nahm ihre Vermißtenanzeige zurück.

Während auf ihren Wayne recht ungemütliche Zeiten zukamen, mußte sich der falsche Wayne Schlegel alias Alf zunächst verstecken, denn ein Polizist kam vorbei und wollte nur der Ordnung halber nach dem rechten sehen.

Damit kam alles doch noch zu einem guten Ende, und Willie bekam seine Krawatte, sein Hemd und seine Anzugjacke wieder zurück.

Doch natürlich währte der Friede im Hause Tanner nicht lange. Eine Woche später schon stolperte Alf ins nächste Chaos. Wie immer begann alles ganz harmlos – diesmal damit, daß Alf seine Liebe zu Preisausschreiben entdeckte. Daß er zunächst einmal versehentlich Abonnements für hundert Zeitschriften unterschrieb, die danach Woche für Woche Tanners Geldbeutel und Mülltonnen strapazierten, war fast schon normal und regte Willie nicht mehr als üblich auf. Das richtige Durcheinander entstand erst, als Alf tatsächlich einen Preis gewann ...

Alf eröffnete es ihnen beim Frühstück.

„Willie, Kate, ich muß euch etwas sagen. Diesmal hat der alte Alf wirklich etwas gewonnen."

„Was? Elf Schallplatten für einen Pfennig vielleicht?" fragte Kate anzüglich. Sie handelte sich einen strafenden Blick vom alten Alf ein.

„Keine Spur. Es ist etwas für die ganze Familie. Ponyreiten für Brian, Tennisstunden für Lynn, schickes Abendessen und Tanz für euch beide. Und das Beste ist, der alte Alf hat", er legte eine bedeutungsvolle Pause ein, „einen Toaster gewonnen." Er wedelte mit der Benachrichtigung über die Gewinne. Er hatte eigentlich mit überraschten Schreien des Entzückens gerechnet. Aber nichts dergleichen. Ein Rudel Seehunde im Supermarkt hätte die anderen wahrscheinlich mehr aus der Bahn geworfen.

Alf schaute enttäuscht in die Runde. „Ich habe von einem Toaster für den alten Alf gesprochen."

„Wir haben es gehört", nickte Lynn gelangweilt.

„Habe ich etwa vergessen zu erwähnen, daß der Toaster sprechen kann", fragte Alf verzweifelt.

Kate nahm ihm das Schreiben ab und las es durch. „Oh, Alf, das ist nur eine Grundstückswerbung. Du bekommst einen Toaster umsonst, wenn du an einem Verkaufsvortrag für Ferienhäuser teilnimmst."

„Laß mal sehen." Willie überflog nun auch den Text. „Mmh, vielleicht ist da auch Ponyreiten mit dabei. Aber es wären auch sieben Stunden Fahrt, um dorthin zu gelangen. Und ich fahre keine sieben Stunden. Tut mir leid."

„Alf", wandte sich Brian hilfesuchend an den Melmac, aber Willie kam dem gleich zuvor, indem er laut und bestimmt wiederholte: „Nein."

Die Dinge wandelten sich zugunsten Brians, als Trevor Ochmonek auf einen Sprung herüberkam und die Benachrichtigung in Willies Händen entdeckte. Eigentlich wollte er Willie nur eine neue Mülltonne schenken, weil dessen eigene einschließlich des ganzen Platzes vor dem Tanner-Haus von Illustrierten überquoll.

Jetzt stellte er erfreut fest: „Hey, du hast auch einen Brief von der Rancho Estate bekommen. Rachel und ich fahren immer zu solchen Veranstaltungen. Da können wir ja diesmal gemeinsam mitmachen."

„Ich bin nicht an einer Sieben-Stunden-Fahrt interessiert", blieb Willie bei seinem vorherigen Entschluß.

„Nachbar, du kannst in einer Stunde dorthin fliegen", überrumpelte ihn Trevor jedoch. „Ohne einen Pfennig. Ein Freund leiht mir über das Wochenende sein Flugzeug."

Willie hatte keine Ahnung gehabt, daß Trevor ein Flugzeug steuern konnte. Aber Trevor Ochmonek erzählte ihm stolz von seinen Einsätzen in Korea, zog den Pullover hoch und zeigte Willie eine lange Narbe über den Rippen. Die hatte er sich dort bei einer Bruchlandung geholt.

In dem Moment kam Kate ins Zimmer.

„Juihh", entfuhr es Kate. Der Anblick war nicht gerade ästhetisch. Sie hoffte, Trevor nie in der Badehose sehen zu müssen.

„Also Freitag nacht am Flugplatz", sagte Trevor und verabschiedete sich.

Als anschließend die ganze Familie auf Willie einredete, die Reise ja zu machen, gab Willie schließlich widerwillig nach. Alf machte sich sofort in sein Zimmer davon, um zu packen.

„Können wir Alf hier alleine lassen?“ zweifelte Willie nun doch an der Richtigkeit seines Entschlusses. Denn er hatte keineswegs die Absicht, Alf in ein Hotel mitzunehmen.

„Immerhin hat er seit einem halben Jahr nichts angezündet“, beruhigte Kate ihn und sich selbst.

Minuten später erschien Alf im Hawaiihemd, Sonnenbrille und Kamera hingen um den Hals. Er war bereit zum Abflug.

Die anderen offensichtlich noch nicht.

Alf fragte irritiert: „Muß ich etwa alleine nach Rancho Estate?“

„Nein, Alf. Wir fliegen. Du bleibst hier.“

Die Antwort von Willie erschütterte Alf bis in die Zehenspitzen.

„Der Brief war an mich adressiert, wenn ihr euch noch erinnert. Seid ihr unter die Nassauer gegangen? Wollt ihr dem alten Alf seine Reise klauen?“

Kate fühlte sich unwohl. So unrecht hatte Alf da ja nicht. Sie meinte unsicher: „Sieh mal, es tut uns sehr, sehr leid, daß wir dich nicht mitnehmen können, aber wir bringen dir auf jeden Fall deinen sprechenden Schmelzofen mit.“

„Toaster“, murrte Alf ärgerlich. „Das ist ein Ding, wo man Brot hineinsteckt. In einen Schmelzofen schmeißt man Katzen. Und ihr wollt mich wirklich mit unserem alten Toaster hierlassen? Wenn ich mit dem rede, bekomme ich nicht einmal eine Antwort. Es wird ein langes, einsames Wochenende für den alten Alf werden. Fühlt euch deshalb nur nicht schuldig."

„Das tun wir auch nicht", behauptete Willie fest. „Es bleibt dabei. Wir fliegen, du bleibst hier."

„Wenn ihr euch nicht schuldig fühlt, habt ihr mir nicht zugehört", knurrte Alf düster und zog sich beleidigt in sein Zimmer zurück.

So kam der Tag der Abreise und der erste Schock für Willie und seine Familie. Das Flugzeug war nämlich eine reine Frachtmaschine für allerlei Viehzeug, ohne Sitzplätze, außer im Cockpit. Die Tanners mußten sich mit Rachel Ochmonek zwischen ihren Gepäckstücken auf den Boden hocken, nur durch einen Vorhang von einer Ladung Borstenvieh getrennt. Es stank enorm nach Schweinen.

Nur Trevor Ochmonek strotzte zu allem Überfluß vor bester Laune und nervte seine Passagiere zusätzlich mit rauhem Gesang, den er nur einmal für eine Information unterbrach: „Hier spricht Captain Ochmonek. Links sehen Sie die Tujunga-Giftmülldeponie. Ich werde tiefergehen, so daß Sie eine bessere Sicht darauf haben."

„Wir sehen sie hervorragend von hier oben", rief Willie nach vorne. Sorgenvoll schaute er in das bleiche Gesicht von Lynn, der jetzt schon schlecht war.

Sie waren schließlich alle in ähnlich schlechter Verfassung, als die Maschine endlich landete und sie ins Hotel fuhren. Dort erlebten sie dann endlich einmal eine positive Überraschung. Das Hotel und auch ihre Zimmer waren wirklich äußerst komfortabel.

Allerdings hatten sie noch nicht einmal ausgepackt, als bereits ein aalglatter Verkaufsmanager von Rancho Estate hereinplatzte. Sein Name war Bill Loman. Während er ihnen einen guten Aufenthalt wünschte, drückte er einen Knopf an der Wand, und aus einer Klappe sprang ein Projektor, der einen Tonfilm an die gegenüberliegende Wand warf.

Es war ein knallharter Werbespot für den Kauf eines Ferienhauses.

Willie schaltete ihn entschlossen wieder ab und drängte Loman aus dem Zimmer. Aufmunternd meinte er zu seiner immer noch bleichen Familie: „Das ist alles kein Grund, warum wir den Aufenthalt hier nicht genießen sollten. Wochenende ist Wochenende."

Er öffnete die Schlafzimmertür, wo sie ihre Koffer abgestellt hatten – und stand Alf gegenüber.

„Buenos dias", grüßte der Melmac.

Er starrte in überraschte Gesichter, wobei er nicht entscheiden konnte, wie sein Auftauchen ankam. Zumindest bei Kate und Willie konnte man da ins Grübeln kommen. Deshalb ging Alf in die Offensive: „Laßt uns das gleich klären. Freut ihr euch, mich zu sehen, oder nicht?"

Es ging irgendwie unentschieden aus. Während Brian und Lynn die Frage bejahten, Willies Gefühle gemischt waren, verneinte Kate entschieden, als sie nämlich hören mußte, daß Alf sich in ihrem Koffer versteckt hatte und ihre Klamotten zu Hause im Wandschrank hingen.

Und natürlich kam auch der unvermeidliche Trevor noch alle Augenblicke herüber, um sie alle mit seinem Geschwätz zu nerven. Alf mußte dabei jedesmal ins Bad verschwinden.

Schon am nächsten Morgen, in aller Frühe, erwartete die Familie Tanner der nächste Schock. Alf war nicht aufzufinden. Erst nach mehr als einer Stunde später traf er ein: eine Angel und vier Fische über der Schulter.

Willie, der die Nacht über kein Auge zugetan hatte, weil er direkt an der Wand zum Zimmer der Ochmoneks liegen mußte und deren abwechselndes Schnarchen ihm keine Ruhe gegönnt hatte, fuhr Alf entnervt an: „Kannst du mir sagen, wo du warst?"

Alf deutete auf seine Fische. Erstaunt über Willies mangelnde Beobachtungsgabe, fragte er: „Wonach sieht das hier aus? Nach Hasenjagd?"

„Aber jemand hätte dich sehen können", tadelte auch Lynn ihn leise.

„Kein Problem. Vor Sonnenaufgang sind meine Fischgründe völlig einsam. Ich wollte euch mit Katzenwels zum Frühstück am Bett überraschen." Alf ging ins Bad und drehte sich an der Tür noch einmal augenzwinkernd zu Willie um: „Ich will nur schnell die Hasen ausnehmen."

Willie hätte man daraufhin keinen größeren Gefallen tun können, als sofort zur Heimreise aufzubrechen. Kate teilte seine Gefühle besonders, als sie sich von Mrs. Ochmonek ein Kleid leihen mußte, da um sieben Uhr im Speisesaal die große Werbeveranstaltung stattfinden sollte. Kate jammerte, sie sehe in dem Kleid aus wie ein alter Stock in einem Mehlsack, und traf damit so ziemlich den Punkt. Aber es half nichts, sie mußte sich mit diesen altmodischen Fetzen unter die anderen Gäste mischen. Zuckersüß lächelnd nahm sie die Komplimente der unsäglichen Ochmoneks über ihr Aussehen entgegen, obwohl sie sie beide am liebsten erwürgt hätte.

Die Unterhaltung vor Beginn der eigentlichen Veranstaltung bestritten dann Mr. und Mrs. Ochmonek mit einer Diskussion darüber, ob es gut für Trevor wäre, Schellfisch in derartigen Mengen in sich hineinzustopfen – wo er doch dagegen allergisch sei.

Ja, es war ein herrlicher Abend. Willie und Kate wünschten sich zurück nach Hause. Und das sollte schneller in Erfüllung gehen, als sie ahnten.

Oben im Zimmer hatte Alf nämlich inzwischen seinen sprechenden Toaster geliefert bekommen und amüsierte sich köstlich damit. Er toastete wie ein Wahnsinniger. Um ihn herum stapelten sich bereits etwa hundert Scheiben goldgelben Toasts. Aber Alf konnte sich an der monotonen Computerstimme nicht satt hören. Jedesmal, wenn er die Scheiben hineinsteckte und runterdrückte, sagte die Stimme: „Toast unten." Wenn die gerösteten Scheiben heraussprangen, erklang ein: „Toast fertig."

Als ihm zum x-tenmal das Material für sein Vergnügen ausging und die Küche seine telefonischen Bestellungen nun nicht mehr erfüllen konnte, blickte Alf sinnend auf sein Spielzeug und meinte nachdenklich: „So, dann laß uns mal ausprobieren, wie du auf Fisch ansprichst."

Minuten später sah Willie, wie Alf hektisch am großen Speisesaalfenster vorbeiflitzte und kurz danach mit einem Feuerlöscher retour kam. Bei Willie schrillten alle Alarmsignale gleichzeitig. Mit einem Satz war er auf den Beinen und rannte hinaus.

Wieder eine Stunde später befand sich die Frachtmaschine mit Trevor als Pilot und den übrigen Passagieren bereits in der Luft auf dem Nachhauseweg. Alf war hinter dem Vorhang versteckt, diesmal mitten in einer Ladung hämisch lachender Hyänen. Alf starrte sie wütend an.

Vorne sagte Trevor gerade: „Ich sage dir, Tanner. Bisher habe ich immer geglaubt, nur Rockstars werden aus Hotels rausgeworfen."

„Ja", log Willie, „ich weiß nicht, was den Kurzschluß im Toaster verursacht hat. Aber ich werde es herausfinden."

„Jedenfalls hat es bis in den Speisesaal hinunter bestialisch nach verbranntem Fisch gestunken", bemerkte Trevor.

Kurz darauf, während Willie noch mit Schaudern daran dachte, wie er die verkohlten Welse aus Alfs Toaster gezogen und das Hotel gerade noch vor der Einäscherung gerettet hatte, bahnte sich bereits eine neue Katastrophe an. Der verzehrte Schellfisch begann sich bei Trevor zu rächen. Erst fing er an zu phantasieren und verlangte von einem Leutnant McIntosh irgendwelche Koordinaten, da sie sich schließlich über feindlichem Gebiet befänden. Dann konnte er gerade noch die Automatik einschalten, bevor er endgültig zusammenklappte.

Mrs. Ochmonek befand sich zu der Zeit gerade auf der Toilette. Unter den anderen Passagieren brach Panik aus, weil niemand wußte, wie man diese Maschine landete. Alf streckte seinen Kopf durch den Vorhang, um sich darüber zu beschweren, daß ihn diese unverschämten Viecher ständig auslachten.

Er sah Willie über den besinnungslosen Trevor gebeugt und erfaßte sofort die Situation. Kurz entschlossen watschelte er ins Cockpit. Geistesgegenwärtig hatte Kate die Toilettentür blockiert, hinter der Mrs. Ochmonek zeterte, weil sie nicht herauskonnte.

Willie hatte starke Zweifel, ob Alf ein Flugzeug fliegen konnte, wo er doch nicht einmal mit einem Toaster umgehen konnte. Aber immerhin hatte er ja mal ein Raumschiff gesteuert, auch wenn es über seiner Garage abgestürzt war.

„Was ist das für ein Hebel?“ fragte Alf und zog daran.

„Wrrrrr“, machte die Maschine und sackte seitlich weg. Alf hatte die Automatik ausgeschaltet.

Hastig schaltete Willie die Automatik wieder ein, nachdem er sich wieder hochgerappelt hatte. Das Flugzeug stabilisierte seine Lage wieder, genau in Richtung einer Bergspitze, die mit ihnen auf gleicher Höhe lag.

Willie schrie Alf an: „Tu was, tu doch was!“ Dann schloß er die Augen. Er spürte, wie die Maschine steil nach oben zog, und hörte Alfs muntere Stimme neben sich: „Jawoll, so ist's richtig. Drüber und weg.“

Eine Viertelstunde später spritzte auf dem Flughafen von Los Angeles das Bodenpersonal auseinander wie Laub bei einem heftigen Windstoß. Ein nicht angemeldetes Flugzeug schoß aus den Wolken herunter, tatzte mehrmals auf der Landebahn auf und jagte dann quer übers Gelände, bis es mit funkensprühenden Reifen zum Stehen kam.

Die Fluglotsen im Tower wischten sich aufatmend den Schweiß von der Stirn.

Von Rainer Büttner ist im Loewes Verlag erschienen:

ALF – Hallo, da bin ich

Sein Heimatplanet ist explodiert. Sein Raumschiff ist abgestürzt. Er sitzt in der Klemme, der ALF läßt sich nicht unterkriegen.
Der Anfang einer rührend und umwerfend komischen Geschichte des kleinen rothaarigen Monsters aus dem All.

ALF – Ich will alles

ALF fühlt sich wohl bei der Famile Tanner und lebt nach seinem Wahlspruch: „Null Problemo! Wo ich bin, ist das Chaos!“ Willie ist ein Nervenbündel und Kate oft am Rande der Verzweiflung. Dann aber kommt der Weihnachtsmann und macht aus ALF – fast – einen Engel.

ALF – Lieber ich als keiner

„Lieber ich als keiner!“ behauptet ALF und meint dies durchaus ernst. Denn Bescheidenheit ist überhaupt nicht seine Zier. Auch in diesem Band mischt der liebenswerte und unverschämte Knuddelchaot die Tannersche Familienidylle wieder kräftig auf.

ALF – Total gut drauf

ALF bestätigt sich als großer Menschenfreund. Ob er im Liebeskummer beisteht oder das Geheimnis um Willies ewig kaputtes Auto aufklärt – das Chaos ist vorprogrammiert. Doch damit nicht genug: Bei den Tanners kündigt sich Nachwuchs an – und damit ein neues Problem.

ALF – Alles paradieso

ALF macht eine schreckliche Entdeckung: Er ist gegen Babys allergisch. Doch damit nicht genug, er wird auch noch vom Unglück verfolgt. Ein Fluch, der nur durch ein ziemlich umständliches Zeremoniell von ihm genommen werden kann, wie er behauptet. Die geplagten Tanners müssen sich wohl oder übel dreinfügen – aber sie sind ja von ihrem außerirdischen Liebling inzwischen einiges gewöhnt.

ALF – Volle Fahrt voraus

Wenn ALF einmal nicht im Mittelpunkt des Familienlebens steht, kann das schlimme Folgen haben. Und obwohl die Tanners von ihrem außerirdischen Freund schon einiges gewöhnt sind, schafft er es immer wieder, sie mit unmöglichen Einfällen an den Rand der Verzweiflung zu bringen. Neue umwerfend witzige Geschichten mit dem rostroten Zottelmonster vom Planeten Melmac.

ALFs RATGEBER

Nerv dich selbst

Die neuen Tests zur Selbstfindung

Wer bin ich – und wie bin ich? Das sind Fragen, die wohl jeden von uns tief bewegen. Jetzt liegt die Antwort vor: Mit diesem Ratgeber führt uns ALF in seiner unnachahmlichen Art glasklar vor Augen, wie es mit unserem Seelenleben wirklich bestellt ist.

Die Tests klopfen unsere individuellen Stärken und Schwächen in allen Lebenslagen ab. Die Fragen reichen von den kleinen Sorgen des Alltags bis zu den verborgendsten Winkeln der Persönlichkeit. Ein Handbuch, das kräftig die Lachmuskeln strapaziert.

Und Lachen ist schließlich gesund!

ALFs RATGEBER

Wie benehm' ich mich daneben?

Das neue 1 x 1 des guten Tons

Die menschlichen Umgangsformen in ein allgemeingültiges Regelwerk zu fassen, daran haben sich schon viele versucht – unter anderem so berühmte Köpfe wie der Freiherr von Knigge. Mit dem Erscheinen des vorliegenden Ratgebers werden alle Klassiker der feinen Sitten mit einem Schlag zu Makulatur. Wer dieses „neue 1 x 1 des guten Tons" gelesen hat, der weiß: ALF sorgt für die Revolution des gesellschaftlichen Lebens ...